超訳 老子の言葉

The Words of Lao Tzu

「穏やかに」「したたかに」生きる極意

田口佳史
Yoshifumi Taguchi

JN072645

三笠書房

はじめに

何かを変えたいなら「老子」に聞け

「老子」は、約二千五百年間を生き残ってきた書物です。

こんなに長く読まれ続けてきたということは、それだけの大きな理由と魅力が、この本にはあるということです。

実は、老子は**「何かを変えたいときの、最高のガイドブックとして実に有効だ」**と言われているのです。

「気分を変えたい」から「人生を一変させたい」、あるいは「社会を一新させたい」まで――。人間は常に何かを転換させ、革新させたいと思って、生活や人生をより良くしてきましたし、社会や国家を新しく変えたいと思って、歴史を進めてきました。

しかし、「何かを変える」ということは、実はとても難しいことです。

たかだか毎日の生活習慣ですら変えるのがとても難しいということは、みなさんも経験上、よくご存じでしょう。

毎朝早起きして何か勉強をしよう、通勤ルートを変えて気分転換しようと思っても、少々多忙になったり、気になる悩みの一つでもできたとたん、すぐに頓挫してしまいます。

さらに、いい方向に変えるつもりが、ただ自分や周囲を混乱させるだけに終わってしまったり、何かを新しくして良くするつもりが、かえって前よりも悪くしてしまったり。そんなことだって、多いものです。

そんなときこそ、最良の指導書として、さらに、百戦錬磨のベテランの忠告者として老子が登場するのです。

老子のアドバイスの要点は、次のようなものです。

「ちょっと待てよ。

まず、その目標や得ようとしているものが、キミの実力から言って、高望みしすぎてやしないかい。欲張りすぎてはいないかい。

さらに、それをやろうという動機が、仲間に自慢してやろうとか、いい格好してやろうとか、そういう不純なものではないのかい」

老子はまず、何かに取り組む際の心の状態から、問いただしてくるのです。

さらに、何かを行なっている最中には、

「何でも、ただ努力すればいいというものではない。努力のしすぎは、かえってすべてを壊してしまうよ」

というように、通俗的に言われていることの反対のような、しかし真理にもとづいた忠告を与えてくれます。

何かをやり終えたところでも、

「いつまでも過去の成功に引っぱられていないかい。そんなものはおもしろくもおかしくもない、いわば〝出涸《が》らしの茶〟だ。早く次の挑戦をして、人生を楽しめ！」

と、手厳しく注意をしてくれます。

同じ中国古典思想でも、儒家と道家とでは、考え方がまったく違います。

たとえば、儒家の名書、「論語」は、このままいまの状態を継続し、長期的に安定した状態を保ち続けたいときに、もっとも良いガイドとして役立つ書だと言われています。

なぜなら、論語は、社会の中にいながら社会を見ているからです。ですから、たとえば、より良い人間関係を築く際の注意点などを教えてくれます。

一方、**老子は、社会の外から社会を見ています。**つまり、宇宙からこの地上を眺めているような視点で語られているのです。ひどく客観的に、全体的にわれわれ人間やこの人間社会を見ているので、それだけ本質をついていると言っていいでしょう。

したがって、何かを変えたいときや転換をしたいときに、客観的、全体的な視点からアドバイスしてくれるのです。

現代は、「大転換期」と言われています。明治維新と同じくらいの転換と変化が、われわれに要求されているそうです。

身近なところで言えば、

「なぜか最近、これまでの方法論が通用しなくなった」

「これまでうまくいっていた関係が、何となく悪くなってしまった」

「これまでにない、まったく新しい競合会社が出てきた」

「考えもしなかった仕組みが出てきて、商売を一変させている」など、いろいろな変化や出来事が起こっているでしょう。まさに、これらこそが「大転換期」特有の、もっともいちじるしい現象なのです。

だからこそ、**現代は「何かを変えたいときのガイドブック」である老子が、いっそう強く求められているとき**なのです。

老子は、宇宙の根源、この世の万物（その中には私もあなたも含まれています）の生みの親である「道《みち》」について、解説しています。本書では、序章で集中的に取り上げて、わかりやすく、くわしく解説しています。

「道」は中国語で「タオ（ＴＡＯ）」と読みます。だから、道家の思想を「タオイズム」と言うのです。

なぜ老子が「道」について語っているかと言いますと、「道」がこの世の万物の生みの親であり、この世を動かしているエネルギーの根源であるからです。この世の物事で、「道」の関与していないものはない、と言われています。

それなら、すべての大元《おおもと》である「道」の説く生き方、行ない方こそが、もっとも道理にかなっている。つまり、この世の最善最良を教えているのだから、そのように生き、行なうことこそが、もっともより良く生きることになる。

これが、老子の基本的な考え方です。

つまり**「道のありようを、自己のありようとする」**というのが、老子の説くところの根本なのです。

私は二十五歳のときに、タイ国のバンコク市郊外の田んぼの中で、巨大な水牛二頭に串刺しにされ、大怪我を負い、生死の境をさまよいました。そして、孤独な病院生活の中で、在留邦人の方から、ある一冊の本を差入れとしていただきました。

それが、老子と私との出会いだったのです。

以降、私は片時も「老子」を手離したことはありません。まさに、座右の書としているのです。

さらに、老子の説く「道」とは、まさに故郷《ふるさと》の母親との関係のように、常に一緒に人生を歩んできました。

この「道との同行《どうぎょう》」の体験が深まれば深まるほど、この智恵を、ただ私だけのものにしておいていいのかという思いが強くなるばかり。そこで、本書を刊行することにしたのです。

ひとりでも多くの人々に、この老子の説く「道」が理解され、実践されて、その方々の「愉快な人生」が実現されることこそ、私のもっとも喜びとするところです。

田口佳史

目次

はじめに
何かを変えたいなら「老子」に聞け　1

序章

「道」とは何か？
――これだけは知っておきたい「タオの教え」

■「理屈」から離れて「実感」を大事にする　18
■すべては「道」から生まれて「道」に帰る　20
■金銀財宝より大事な「生きる指針」　22
■奪うな――「創造」を人生の中心に置く　24
■「淡々と生きること」を理想とする　26

1章

「もっと自由に生きる」老子の教え

――見栄・偏見・虚飾……という〝ボロ衣〟を捨てる

■昔の自分に返れ　30
■人の価値は肩書き、名声の中になし　32
■人生を「わかった気」になっていないか？　35
■自分の天性、個性を見失うな　37
■「好きなこと」が生きる武器になる　41
■仕事は「楽しんだ人」の勝ち　44
■結果は「強引に」出すな、「自然に」出せ　48
■トラブルの種を不用意にまかない　51
■「許す・許さない」は天だけが決めること　55
■「忙しい」のは何の自慢にもならない　57

■無理には無理が返ってくるという法則　59

2章

「本当の強さを身につける」老子の教え
――これが、「何があっても動じない」柔軟な発想法

■「こうあるべきだ」は捨てる　64
■「復元力」のある人間は強い　68
■やるべきときは徹底してやるのが実力者　71
■「昨日の自分」をいかに超えるか　74
■「教養」はうっかりこぼれ出るものと知る　76
■「力尽く」と書いて「失敗のもと」と読む　78
■「自慢」は必ずあなたを滅ぼす　80
■下にへいこらさせるのは小物の証明　82

3章

「自分をコントロールする」老子の教え

——自分にとって危険な「欲望」をいかに封じ込めるか

■「勝ち目のない戦い」をするな　88
■「本当に欲しいもの」以外には目もくれない　91
■「命を削りながら欲望を満たす」という愚行　93
■「欲七分」の生き方にシフトする　96
■「お金があれば大丈夫」は甘い考え方　99
■どうせ持つなら「小欲」より「大欲」　102
■ここから私の人生は百八十度変わった　105

4章

「生活の基本を見直す」老子の教え

――最後に勝つのは、絶対に「バランスを崩さない人」

■いいときも、悪いときも「変わらない」 112
■いま、大事なのは「人間らしい生き方」をすること 115
■老子流「損して得を取る」考え方、生き方 118
■平穏無事なときこそ有事への備えを 122
■すべてのものには「二面性」がある 124
■「変わる前ぶれ」をいかにつかむか 127
■ほどほどに「上品」で、ほどほどに「下品」がいい 130
■「仕事欲」は大きく、「物欲」は小さく 134
■いいことも悪いことも「小さな芽」から 136
■常に「心身のバランス」を整えよ 141

5章

「器の大きな人になる」老子の教え

——「大物になる人」「小物で終わる人」の分岐点

■「大物」たれ　146
■「疑い深く、用心深い」のが大物になる条件　149
■「どっしり重々しい人」に信頼も人望も集まる　151
■組織の人間関係に「余計な愛情」など不要　153
■優れた人物ほど〝黒子〟に徹する　156
■これが「究極の人心掌握術」　160
■イザというときに、腹をくくれるか？　163
■老子が説いた「理想的な国家」に学ぶ　166

6章

「天を味方につける」老子の教え

——こう考えれば、人生はけっして難しくない

■「無心」で取り組む 172
■直感力を磨く 175
■「水」のように生きる 180
■シンプルに考える 184
■孤独に強くなる 188
■期待されないことを喜ぶ 191
■相手の懐に入る 196
■宇宙的視点を持つ 199
■本質を見極める 201

編集協力——岩下賢作／千葉潤子
本文DTP——株式会社 Sun Fuerza

序章

「道」とは何か？

——これだけは知っておきたい「タオの教え」

「理屈」から離れて「実感」を大事にする

道《みち》の道《みち》とす可《べ》きは常道《じょうどう》に非《あら》ず。（体道第一）

これは、老子の冒頭の言葉。「道」とは何かを言葉で説明することを、冒頭からはねつけています。老子はこう言っているのです。

「何事も、言葉だけで理解したと思うな。何よりも重要なのは、目で見て、耳で聞き、鼻でにおいを嗅ぎ、舌で味わい、手で触れて実感することなんだ」と。

たとえば、ペットボトルのお茶など見たこともなければ、お茶が何かも知らないような人に、それがどんなものなのかを言葉で説明して理解してもらえますか？まず無理でしょう。実際にそのものを見て、触って、キャップを開けて、においを嗅いで、お茶を飲んで、どういうものかを体験して実感してもらわなければ、本当には理解してもらうことはできません。

そんな「道」の〝正体〟について、「賛玄第十四」では、次のように言っています。

之《これ》を視《み》れども見《み》えず。名《な》づけて夷《い》と曰《い》う。之《これ》を聴《き》けども聞《き》こえず。名《な》づけて希《き》と曰《い》う。之《これ》を搏《とら》えんとすれども得《え》ず。名《な》づけて微《び》と曰《い》う。此《こ》の三者《さんしゃ》は致詰《ちきつ》す可《べ》からず。故《もと》より混《こん》じて一《いつ》と為《な》る。

「道」は見えない・聞こえない・つかめないものだから、頭で理解しようとしたってダメだよ、感じ取ってくれ、という意味です。

そう言われると、人間の心とか愛情とか、私たちが大切にしなければならないものは何だって、「道」と同じように、見えない・聞こえない・つかめないものだと気づきますよね？

いまは論理一辺倒で、屁理屈ばかり言う人が賢い、とされる風潮があります。老子は「それは違う」と斬り込みます。「そんな理解の方法は、むしろ正しい理解を遠ざけるもので、実感して体得することが大切なのだ」としているのです。

本当に強い人とは、そのように「道」を実感・体得している人のこと。言葉で「理解」することより、体験を通して「実感」することを大事にする。それが「実力」をつけることにつながるのです。これからは、「実感体得主義」で生きてください。

すべては「道」から生まれて「道」に帰る

私たち人間を含めて生きとし生けるものはみんな「道」から生まれ、「道」に帰っていきます。つまり、「道」は万物の根源。だからこそ、私たちは母なる「道」に生き方の手本を求めるのが自然というものなのです。そのことを示した文章がこれ。

物有《ものあ》り混成《こんせい》し、天地《てんち》に先《さき》だって生《しよう》ず。寂《せき》たり寥《りよう》たり、独立《どくりつ》して改《あらた》まらず、周行《しゆうこう》して殆《おこた》らず、以《もつ》て天下《てんか》の母《はは》と為《な》す可《べ》し。（象元第二十五）

私たちはふだん「万物の根源は何か」なんていうことは、あまり気にしません。でも、たしかに根源は「ある」。そうでなければ、何も生まれてこないことになり、あらゆる存在が否定されてしまいます。

老荘思想は、この「見えない、聞こえない、つかめない、でもたしかにあると感じることのできる万物の根源」を「道」と名づけています。そして、続くくだりに、

「之《これ》に字《あざな》して道《みち》と曰《い》い、強《し》いて之《これ》が名《な》を為《な》して大《だい》と曰《い》う。大《だい》なれば曰《すなわ》ち逝《ゆ》き、逝《ゆ》けば曰《すなわ》ち遠《とお》ざかり、遠《とお》ざかれば曰《すなわ》ち反《かえ》る」とあります。

これが意味するのは「死生観」。「貴生第五十」には、「出《い》でて生《い》き、入《い》りて死《し》す」とあります。人間は「道」から出て生まれ、「道」から遠ざかって人生を歩き、やがて折り返し点を曲がって、最後はまた「道」に入って帰ります。これが、死です。

つまり、**私たちはこの世で、人生という旅に出ているようなもの**なのです。そう考えると、何だかワクワクしてきませんか？　楽しいこと、苦しいこと、つらいこと、驚くことなど、何でも経験してやろうと、起こることのすべてを受け入れながら、意欲的に生きる気持ちになるはずです。そうして愉快な旅が終わると、故郷の家に帰るように、人間は誰もが、死をもって人生を終えた後は同じ「道」という故郷に帰っていくのです。

どうですか、こう考えれば、死に対する恐怖感が薄れませんか？

私は死ぬか生きるかの瀬戸際に立たされたときに老子のこの言葉を読み、ずいぶんと気が楽になったことを覚えています。私たちは、旅を楽しむように人生を生きればいい。**心が煩《わずら》わされるようなことは、すべて余計なことと捨ててしまいましょう。**

金銀財宝より大事な「生きる指針」

私たちはよく「因果応報」という言葉を使います。老子にもその因果応報を説いたくだりがあります。

大道汎《だいどうはん》として、其《そ》れ左右《さゆう》す可《べ》し。万物之《ばんぶつこれ》を恃《たの》みて生《しょう》ずるも、而《しか》も辞《じ》せず。功成《こうな》りて名《な》を有《ゆう》せず。万物《ばんぶつ》を愛養《あいよう》して、主《しゅ》と為《な》らず。（任成第三十四）

「道」は自分が何をし、どんな役に立っているか、何も言わないけれど、偉大な存在であり続けている。なぜ私たちは無言を貫く「道」が偉大だとわかるのか。それは「道」の業《ごう》の報い。因果応報なのである。

そんな意味ですが、私はもう一歩踏み込んで、「だから、『道』の生き方を信じて生きると肝に銘じよう。『道』の存在や働きに懐疑的だと、因果応報でいい果報が得られないよ」と言いたい。これは一種の悟り。「信じる」ことが非常に大切なのです。

「そんなことを言われても、『道』は目に見えなくて、あるかどうかもわからないのに信じられないよ」という人に、質問です。

「あなたはNYに向かって飛行機に乗っているとき、四六時中、『パイロットは信用ならない』とか『いまに墜落するんじゃないか』といった心配をしていますか？」

「イエス」なんて答える人はいませんね。飛行機なんて危ないものを信じられるのに、どうして宇宙の根源である「道」を信じられないのですか？　ここは一つ、四の五の言わずに「道」を信じて生きてください。金銀財宝より、よほど頼りになります。

実際、私は三十代の半ばくらいから四十年近く「道」とともに生きてきましたが、「道」ほど頼りになるものはないと実感しています。困ったことがあると、故郷の母に電話をするような感覚で「道」に語りかけ、何度も助けてもらいました。

みなさんにも、しばしば「たまたまうまくいった」「たまたまいい出会いがあった」と感じるようなことがあるでしょう？　**そういった「たまたま」はすべて、物事に我を忘れて一生懸命取り組む人に対して「道」が起こしている、「必然」でもある**のです。つまり、「道」が足らざるを補い、過ぎるを取り除き、人生のバランスをとる働きがある。だからこそ強調したい、「道」とその営みを信じて生きていこうよと。

奪うな――「創造」を人生の中心に置く

意外に思うかもしれませんが、老子は全編、子どもを生む性である女性に対する畏敬の念で貫かれています。それを象徴するのが、次の言葉。

谷神《こくしん》死《し》せず、是《これ》を玄牝《げんぴん》と謂《い》う。玄牝《げんぴん》の門《もん》、是《これ》を天地《てんち》の根《こん》と謂《い》う。綿綿《めんめん》として存《そん》するが若《ごと》く、之《これ》を用《もち》うれども勤《つか》れず。（成象第六）

「谷神」というのは、山の谷間の奥深くの泉で、こんこんと水を湧き起こす神様、すなわち「道」を意味します。ここでは、その「道」が万物を生み出す営みを、女性の性器にたとえているのです。

そんな母なる「道」は、絶え間なく万物を生み出すことを最大の使命としています。であれば、私たち人間もそれをお手本にしなければなりません。つまり、仕事や日々の営みの中心に、「創造」を置くということです。

現代人は結果としての業績だけを追いかけるから、資本主義の下で競争する悲劇を連想してしまう。競争に勝たねばと、欲深くもなる。

そうではなくて、業績のもとに何があるかを考えてみてください。

たとえば、出版社なら「読者が読みたい。喜んで買いたい」と思う本をつくっていますね？　それは創造活動にほかなりません。どんな業種だって同じです。

日本経済の基礎を築いた渋沢栄一は、こう言っています。

「道徳なき経済は経済にあらず。経済なき道徳は道徳にあらず」と。

彼の言う「道徳」とはすなわち、秩序の形成と創造的活動を通して、新しい価値を生み出すこと。老子の正式な書名が『老子道徳経』であるところからして、「道」のありようにつながる考え方なのです。

つまり、資本主義経済の根幹を成すのは創造だということ。まず利益ありきではなく、**真っ先に取り組むべきは「いいものを生み出す」こと**。利益は結果としてついてくるものなんです。

言い換えれば、それは創造という使命の前に、私利私欲の入る余地はない、ということ。そこを忘れてはいけません。

「淡々と生きること」を理想とする

「道を信じる」ことの大切さは、次の「仁徳第三十五」のくだりからよくわかります。

大象《だいしょう》を執《と》りて天下《てんか》に往《ゆ》けば、往《ゆ》くとして害《がい》せられず、安平太《あんぺいたい》なり。

「道」を信じて生きる者には、何も問題が起きず、すべてが安らかで平穏である、というのです。超訳すると、**「ごくごくふつうのことが、一番ありがたいんだよ」**ということ。

この「ごくごくふつうのこと」に、私たちはなかなかありがたみを感じません。でも、大変な災難に見舞われたり、さんざん苦労させられたり、飢えたり、病気になったりしたら、どうですか？　誰もが「実はふつうが一番ありがたい」と気づくはずです。

では、「ふつう」って何でしょう？　老荘思想的に言うと、「山あり、谷ありの人生は良くない。何の変化もなく、毎日が淡々と過ぎていくのがいい」のです。

ただし、世捨て人のようになって、山奥に隠棲《いんせい》する、というような話ではありません。実はそこが、老荘思想の一番危険なところです。それは本質ではなく、ときに猛々しい龍にたとえられるくらい、激しく厳しい人生観を説いています。そこら辺の混乱を解くために、私がいつも使っている重要な言葉があります。

それは、**「市中《しちゅう》の山居《さんきょ》」**――。

都会の喧騒《けんそう》の中に暮らし、競争社会の中で揉まれて生きていながら、いっとき山の庵にいるかのような森閑《しんかん》とした清らかな気持ちになる。これができれば、水のように淡々と流れに身を委ねる「老荘思想的生き方」をわがものにできます。

ものすごく大変な問題が起きても、心を山奥の庵に〝瞬間移動〟させて、その風情に浸りながら、心をさらに宇宙に向けて広げていけば、問題を問題とも感じなくなります。したがって、問題は起きない。その問題によって、心がブレることもない。「ふつうがありがたいね」と思えるのです。若いうちは難しいと思いますが、訓練して、年齢とともに「市中の山居」を楽しむ時間を少しずつ増やすといいでしょう。

大丈夫、「道」を信じて生きていけば、やがてその境地が得られます。

1章

「もっと自由に生きる」老子の教え

——見栄・偏見・虚飾……という〝ボロ衣〟を捨てる

昔の自分に返れ

徳《とく》を含《ふく》むことの厚《あつ》きものは、赤子《せきし》に比《ひ》す。(玄符第五十五)

超訳

赤ん坊は純粋無垢な心を持ち、生きるエネルギーに満ちあふれている。人は成長するにつれて、〝浮世のしがらみ〟だの私利私欲など、自分を縛る余計なものを身につけてしまうものだ。しかし、ときにはそんな〝ボロ衣〟を脱ぎ捨て、赤ん坊に返って人生を考えてみることが大切なのだ。

赤ん坊のすばらしさを、老子はこう語っています。

「毒虫に刺されもしないし、猛獣・猛禽《もうきん》に襲われることもない。骨が弱く、筋肉が柔らかいのに、ものをつかんだら離さないくらい、強い力がある。まだ男女の交合も知らないのに、勃起《ぼっき》が起こるくらい精力に満ちている。一日中泣いていても、声がかれることもない。そういった強さや生きるエネルギーに満ちているのは、純粋無垢な赤子の心が生み出すのだよ」

言われてみれば、「なるほど、その通り」だと思いませんか？

私たちは成長するにつれて、心にいろんな〝ボロ衣〟をまとっていきます。周囲の目を気にして背伸びをしたり、欲にかまけて「もっと、もっと」と富や名声、贅沢を追いかけたり、人と争ったり、〝浮世のしがらみ〟に囚われて、やりたくもないことや不本意なことをしてしまったり。

もともと持っていた純粋無垢な心から、どんどん離れていってしまうのです。

それが「大人になる」ことだと言えば、たしかにそうです。しかし、だからと言って〝ボロ衣〟を何枚も何枚も重ね着していく一方で、いいわけはありません。

たとえて言えば、洋服を何枚も重ね着すれば、身動きが取れなくなるのと同じこと。

そんな虚飾だらけの人生が、うまくいくはずがないのです。

大事なのは、まず、**自分は虚飾という〝ボロ衣〟を着ているんだと自覚する**こと。

そのうえで、ときには意識して、その〝ボロ衣〟を脱ぎ捨てることです。

では、どうすれば〝ボロ衣〟を脱ぎ捨てられるのか。

それは、**感動の瞬間をできるだけ多く持つ**ことです。たとえば、絵でも音楽でも風景でも、美しいものに接する。あるいは、戯曲や物語を通して、人間の美しい心に触れる。仏壇や神棚の前で手を合わせ、心を感謝の気持ちで満たす。可能なら、座禅を組んでもいいでしょう。よりいっそう、シャキッとして心が洗われるような気持ちがします。

そういった感動のひとときが、心を純粋にしてくれるのです。ときには赤ん坊に返って、純粋無垢な心と、生きることの自由を取り戻そうではありませんか。

超訳

人の価値は肩書き、名声の中になし

名《な》の名《な》とす可《べ》きは常名《じょうみょう》に非《あら》ず。名無《なな》し、天地《てんち》の始《はじ》めには。名《な》有《あ》れ、万物《ばんぶつ》の母《はは》にこそ。（体道第一）

肩書きが**立派**だとか、**世に聞こえた名声**があるとか、そんなことで**人は評価**されるものではない。**自分自身を含めて**、**人間は肩書きや名声に頼らず**、**〝素っ裸の姿〟**で生きていくのが**本来**である。

名前というのは、そもそも無数に存在する万物を判別するために、仮につけられた呼称でしかありません。つまり、名前自体には中身がないのです。

ましてや肩書きや名声といったものは、まさに有名無実。人格を表わすものではありません。

世間ではとかく、肩書きだけで「社長だから偉い」「大学教授だから偉い」「有名な人物だから偉い」などと評価しがちですが、そのことと「尊敬に値する人物である」こととはまったくの〝別もの〟なのです。

卑近な例で言えば、どこかの会社を訪問したとき、課長より部長、部長より社長が応対してくれると、何となく自分が尊重されているような気になりますね？

でも、それは大きな勘違い。打ち合わせする内容によっては、役職などなくても、現場に一番くわしい人が応対してくれたほうが、よほどありがたい場合だって多いでしょう。

あるいは、経歴も肩書きも容姿も申し分ない人が目の前に現れたら、つい「こんな人と結婚したいな」という気持ちになるかもしれません。

けれども、その人の内面に魅力を感じていなかったら、いざ本当に結婚できたとしても、結婚生活を長く続けることは難しいのではないでしょうか。

だから、**人を見るときは、会社名も出身校も家柄も肩書きも、およそ名前のつくものはすべて引き剝がして、〝素っ裸のその人〟を直視すること**が大切です。

たとえば、あなたは他人と接するとき、その人のどこを見ていますか？　実際に話してみて楽しいか？　尊敬できるところはあるか？　仕事に対して誠実か？　家族を大切にする人か？……等々、あなたの心に引っかかるポイントが、何かしらあるはず。

そこを探してみてください。

そうやって初めて、その人の本質がわかるのです。

もちろん、自分自身についても同じことです。肩書きや名声に振り回されて、中身を磨くのをおろそかにしていると、いつまでたっても実のある魅力的な人間にはなれません。

そんな〝名前のトリック〟にだまされないよう、人を見るときも、自分自身を評価するときも、〝素っ裸の姿〟を感じ取ることが重要なのです。

人生を「わかった気」になっていないか？

知《し》りて知《し》らずとするは上《じょう》。
知《し》らずして知《し》れりとするは病《へい》。（知病第七十一）

超訳

たくさんの知識や情報を頭に詰め込んで、何でもわかった気になっていないかい？　思い違いもはなはだしいよ。ましてや、ろくすっぽ知りもしないのに、知ったかぶりをするなど、重病としか言いようがない。本当に知っていると言えるのは、「道」がものも言わずに実践している「無為自然」という真理を体得することなのだ。

もう長らく、知識偏重の時代が続いています。その傾向と相まって、インターネット社会の進展を背景に情報があふれ返り、人間がどんどん頭でっかちになっているようです。そんな風潮に一石を投じるかのように、老子は言うのです。

「知識があるとかないとか、ものを知っているとか知っていないとか、そんなことは問題にするに値しない。知識の豊富な者が偉いなんて妙な価値観まであるから、知ったかぶりをする人間も出てくる。みんな、病気だね」と。

「病気」とは、かなり辛辣《しんらつ》な言い方ですね。

これを儒教の考え方と比べてみると、またおもしろい。

『論語』には、「之を知るを之を知ると為し、知らざるを知らずと為す。是れ知るなり」という有名な言葉があります。つまり、「知っていることと知らないことをはっきりさせなさい」と言っているわけです。

でも、老子は孔子が「知っている」と言っていることに対しても、「わかった気になっているだけで、何もわかっていない」と言っているのです。おそらく大半の人が、「孔子の言葉はわかりやすい。でも、老子はちょっと……。そもそも、知識をたくさん持っていることの何が悪いんだ?」と疑問に思うのではないでしょうか。もっとも、老子に言わせれば、「わかりやすいと言うこと自体が、見当違いなんだ」ということなのですが。

老子はそこを問題にしているというより、**「人生を生きるうえで一番大事な真理も知ろうとしないで、知識も何もない」**としているのです。

老荘思想的に言えば、知識なんて、自分を賢く見せるためのお飾りでしかない。それを「耳の痛いアドバイス」と捉え、生きていくうえでの真理を見つめ直していただきたいところです。

自分の天性、個性を見失うな

天下《てんか》皆《みな》美《び》の美《び》たるを知《し》る、斯《こ》れ悪《あく》のみ。
皆《みな》善《ぜん》の善《ぜん》たるを知《し》る、斯《こ》れ不善《ふぜん》のみ。（養身第二）

超訳

自分を他人と比べて落ち込んだり、得意になったりするのはもうやめにしよう。自分の天性は何なのか、個性は何なのかを直視して、それを生かすことを考えなさい。

私たちは生まれた瞬間から、比較社会の中で生きています。そのために、誰かと比べて自分の優劣を測ったり、何かと比較して物事の価値を測ったりすることが、半ば当たり前のようになっています。

しかし、それは違います。老子が次のところで「有無相生じ、難易相成し、長短相形《あらわ》し、高下相傾け、音声相和し、前後相随《したが》う」と言っているように、相対評価で人間や物事をどうこう評価することに、意味などありません。

たとえば、「給料が安い」と言ったって、もっと安い人に比べれば高給取りなわけです。

そうやって相対評価をすることで、いかに思考が不自由になっているか。いかに物事の本質を見失った貧弱な見方をしているか。私たちは、そこに気づかなければいけません。

大事なのは、絶対的な個性で物事を見ることです。

人生で言うならば、自分自身の天性・個性は何なのかを見極めて、それを生かして生きる。そのほうが、自分にないものを追い求めるより、物事を有利に運べるし、楽に生きることができます。

世の中には、一人として同じ人間はいません。天、すなわち「道」はちゃんと、一人ひとりの人間に異なる天性・個性を付与して、この世に送り出しているのです。そこを踏まえて、自分自身に何が天性なのか、個性なのかを問う必要があります。

とはいえ、比較社会にどっぷりつかってしまった身としては、自分ではなかなかわからないかもしれません。

その場合は、親兄弟や連れ合い、友人、恋人など、自分と近しい人に聞いてみてごらんなさい。あなたが何をやらせたらうまいのか、何をしているときに上機嫌なのかを。そういうものは、だいたい自分の天性・個性に合ったものなのです。

私自身は、五十歳を迎えるころに、ようやく生き方が定まりました。

それまでは、自分のことを「組織を動かせる」人間だと思っていたのです。それが天性だというふうにも感じていました。というのも、会社を立ち上げて、大勢の人を雇って、ビジネスはけっこううまくいっていたからです。

でも、本当はかなり無理をしていたんですね。会社を立派に見せなくてはと高い家賃のところを借りたり、いい人材を取ろうとリクルーティングに大金を費やしたり、高い給料を払ったり……。

とにかく派手なことをしていたので、いくら売り上げても内情は火の車。そのうち、何のために仕事をしているのかわからなくなって、だんだんと苦しいばかりの人生になってしまったのです。それで、四十八歳くらいのときだったでしょうか。そういう仕事は自分には向いていないんじゃないかと思い至りました。

そこで、とりあえず自分がどういう子どもだったのかを母に尋ねてみたのです。すると、こんな答えが返ってきました。

「そうねぇ。ふつうの子と違って、あんまりちょこまか動き回ることはなかったね。体が弱かったせいもあると思うけど、しゃがんで庭の草をじーっと見ていたり、空をいつまでもボーッと眺めたりしていたことを覚えていますよ」

これで合点がいきました、私が机に座って中国古典を読んでいるのが楽しいのは、それが自分の天性に合っているからだと。同時に、自分が動き回って経営をする能力など実はなくて、経営者にアドバイスをするほうが得意なことにも気づきました。

そうして五十歳になったとき、会社をいったん閉鎖することにしました。そして、規模を大幅に縮小して再スタートを切ったのです。今度は、私が中国古典から学んだことを世の経営者たちに伝え、アドバイスしていく、という形のビジネスとして。

それからです、私の愉快な人生が始まったのは。**自分の天性・個性を直視することは、人生を愉快の方向に百八十度転換させること**でもあるのです。

「好きなこと」が生きる武器になる

是《ここ》を以《もっ》て聖人《せいじん》無為《むい》の事《こと》に処《お》り、不言《ふげん》の教《おしえ》を行《おこな》う。
万物《ばんぶつ》作《おこ》りて辞《じ》せず。生《しょう》じて有《ゆう》せず。為《な》して恃《たの》まず。
功《こう》成《な》りて居《お》らず。夫《そ》れ唯《ただ》居《お》らず。是《ここ》を以《もっ》て去《さ》らず。（養身第二）

世間の価値観に囚われず、また世に言う成功に執着せず、自分の好きなことだけを追求しなさい。そうすれば、アグレッシブに事に向かうエネルギーが枯渇することなく、楽しく生きていける。

超訳

前項に続くこの文章では、老子の「無為不言」の教えが語られています。

「無為」とは、自然のままで作為のないこと。その反対が「人為」で、この二文字をくっつけると「偽」という字になりますね？　人為的に物事を進めていくと、自分の人生がやがて〝ニセモノ〟になる、という意味です。

この「無為不言」は、「道」のありようそのもの。「道」は万物を生み出すという立派なことをしながらも、功名心のかけらもなく、自分が一番偉いんだぞとばかりに頂点に居座ろうともせず、淡々と万物を生み続けています。

これを私たちの人生に当てはめて考えると、一つは、俗に「成功」と呼ばれるものに執着するな、ということです。

そんな成功を追い求めると、うまくいったら相対評価で「自分は誰よりもすごい」と尊大になり、さらにその成功によって手に入れたポジションを手放すまいと躍起になるだけ。新たな挑戦に向かって歩を進めるエネルギーが枯渇し、やがて「こんなはずではなかった」ということになりかねません。

そうではなくて、世間で言う「成功」とは関係なく、自分の価値観でやりたいと思うこと、言い換えれば「自分の好きなこと」を追求したほうがいい。

好きなことなら、やっていて楽しいし、それに向かうエネルギーがなくなることもありません。次から次へと挑戦課題が出てくるから、飽きることもない。その結果、苦もなくがんばり続けることができるでしょう。

老子が、ここで「功成り名遂げても、その栄光の座に居座ることがないから、結果的にそこから落ちていくこともない」と言っているのは、そういうこと。自分の好きなことを追求する人は、結果的に世間が成功と評する大事を成すことができるし、意識せずとも新たな成功を積み上げていくこともできるのです。

このことを「忘知第四十八」では、「余計なものをそぎ落として無為になる」という観点から、次のように言っています。

学《がく》を為《な》せば日《ひ》に益《ま》し、道《みち》を為《な》せば日《ひ》に損《そん》す。之《これ》を損《そん》し、又《また》損《そん》し、以《もっ》て無為《むい》に至《いた》る。
無為《むい》にして為《な》さざる無《な》し。

「道」にしたがっていると、小賢しい知恵をつけようとか、周囲の目を気にして自分を良く見せよう、勝ち組になろう、といった欲望がどうでもよくなってくる。そして無為——自然のままの自分が生きたいように生きようと「悟る」に至る。そういうことを言っています。

「悟る」ということを、わかりやすく言い換えると次のようになります。

“世間様”に振り回されて生きてきた、いままでの自分を捨てて、「そうだ、もう一回、元気に生きよう！」と思うこと。

これは、なかなか清々しい気分になれます。

仕事は「楽しんだ人」の勝ち

夫《そ》れ我《われ》に三宝《さんぽう》有《あ》り。持《じ》して之《これ》を宝《たから》とす。
一《いち》に曰《いわ》く慈《じ》、二《に》に曰《いわ》く倹《けん》、
三《さん》に曰《いわ》く敢《あえ》て天下《てんか》の先《せん》と為《な》らず。（三宝第六十七）

超訳

天下を背負って立とう、会社を背負って立とうなんて考えなくていい。自分のペースで地道な暮らしをしていると、自分の好きな分野で知らないうちに世の中の役に立っているものだ。

前項と同じく、「自分の好きなことをやりなさい」と言っています。
自分が好きでやっている仕事なら、競争に勝った・負けたとか、出世しようといった思いとは関係なく、ひたすら一生懸命取り組みますよね？　そうすると、望まなくても、その道の達人になっていき、知らず知らずのうちに世の中の役に立つ、というのです。

「自分はただのサラリーマンで、与えられた仕事をやるしかないから、好きも何もない」などと言わないでください。たとえ与えられた仕事でも、その中に「これが好き」と言えるものが、必ず何かあるはずです。

たとえば、上司から「もう帰りなさい」と言われても、「いや、もうちょっとやらせてください」とお願いするくらい夢中になれる仕事なら、自分の好きな仕事と考えていい。そのくらいは自分で発見しましょう。

仕事を好きになるポイントは、それを「楽しむ能力」があるかどうかにかかっています。そして、この能力は成功体験によって身につくものです。

私のところには「仕事が楽しくない」と悩む人が、大勢相談にやってくるのですが、そのときに私は決まってこんな質問をします。

「君、麻雀《マージャン》が好きでしたよね。こないだも、麻雀で三日徹夜したって言ってましたっけ。仕事で徹夜したこともないのに、麻雀だとできるんですね。ところで、麻雀って、最初からおもしろかったんですか？」

だいたい、「いいえ、全然おもしろくなかったです」という答えが返ってきます。

さらに、「じゃあ、いつからおもしろくなったのですか?」と尋ねると、「初めて勝ったときからです」というのが、みなさんに共通する答えです。

その意味するところは、勝つための必須能力ができて初めて楽しめるようになる、ということです。仕事で言えば、どんな些細なことでもいい、何か成功体験をすることが仕事を楽しむ能力を開発することになるわけです。

つまり、仕事でも趣味でも、勝てなければおもしろくないものです。

もう一つ、勝つための必須能力をつけるのに必要なものがあります。スポーツをやっていた人ならよくわかると思いますが、夏合宿と鬼コーチ、この二つが能力向上には欠かせないのです。会社なら、研修と厳しい上司、といったところでしょうか。

では、勝つための必須能力とは何でしょうか。野球選手なら、「正しく捕る」「正しく投げる」「正しく打つ」となります。ビジネスパーソンなら、「しっかり聞く」「しっかり読む」「しっかり話す」「しっかり書く」「しっかり考える」ことです。

このように、何も自分が好きなことを仕事にしなくても、仕事を楽しむことはできます。世に成功者と呼ばれる人たちにしても、多くがこう言います。

「もともと好きで選んだ仕事ではなかったんです。でも、目の前の仕事に懸命に取り組むうちに、いつの間にかその仕事が好きになりました。それで成果が上がると、楽しくなってきたんです」

ですから、仕事を好きかどうかを考える前に、とにかく無心でがんばってごらんなさい。必ずや、「仕事が好きだから夢中でやる→夢中でやるからうまくいく→うまくいくからもっと楽しくなる」という好循環をつくることができます。

私は以前、「社員の勤労意欲」を活性化させる仕事をしていたので、社員の意識調査をずいぶんやった経験があります。

そのとき、「あなたは会社のどういうところに惚れこんでいますか？」と尋ねると、たいていの人は黙り込みます。でも、「会社で不満に思っていることは何ですか？」と聞くと、とめどなくしゃべり出します。そう、仕事を全然楽しんでいないわけです。

そんなふうでは、自分の人生を生きていることにはなりません。いまの仕事をどう楽しむかを考えながら、自分の好きなことを見つけていく必要があります。

『論語』には「知る者は好きな者に如かず、好きな者は楽しむ者に如かず」という言葉があります。**好きなことを楽しんでやることが一番**なのです。

結果は「強引に」出すな、「自然に」出せ

道《みち》を以《もっ》て人主《じんしゅ》を佐《たす》くる者《もの》は、兵《へい》を以《もっ》て天下《てんか》に強《つよ》くせず。其《そ》の事好《ことよ》く還《かえ》る。(倹武第三十)

超訳

結果を出すことばかりを追い求め、「人を押しのけてでも勝つ」とばかりに強引に物事を進めてはいけない。悪い報いが跳ね返ってくるだけだ。いい結果を出したいなら、自然の中で果物を大切に育てるように、自然の力を借り、周囲の人たちの面倒をよくみて、力を合わせて取り組みなさい。

ここは、直訳的には戦争の無意味さを語ったところです。

「武力で敵を制圧したところで、結局は戦地となった畑は荒れ果て、働き手もいなくなった土地は草ぼうぼうで使い物にならなくなる。悪い報いが返ってくるだけだよ」

と言っています。これに続けて、

果《か》にして矜《ほこ》る勿《な》かれ、果《か》にして伐《ほこ》る勿《な》かれ、果《か》にして驕《おご》る勿《な》かれ、果《か》にして已《や》むを得《え》ざれ、果《か》にして強《きょう》なる勿《な》かれ。

と言い、成果を得て傲慢にふるまうことを戒めています。

注目すべきは、「果」の字が何度も使われていることです。この「果」は仕事に引き寄せると、「結果」と読めます。

現代の競争社会では結果ばかりが求められて、どうしても仕事を強引に進めがち。自分さえ良ければいいと人を踏みつけにしたり、完膚なきまでにライバルをやっつけたりしてしまうのです。そのために人から怨みを買って仕返しをされることもあれば、強引にやったがゆえに後からほころびが出てきて、まずい事態に陥る場合もあります。老子は、そこに「作為的・人為的世界の限界」があるとしています。

では、同じ「果」でも、「果実」と読んだらどうでしょうか。

リンゴでもモモでも、果実は自然になるものです。それなのに、「早く大きくなれ」と木の幹を力任せに引っ張ったり、必要以上に水や肥料を与えたりしたら、どうなりますか？　実をつける前に、木がかれてしまうかもしれません。

しかし、何もしなくていいかと言うと、そんなことはありませんね。

陽光や土の養分など、自然の恵みをふんだんに得られるよう、果樹のことを思いやって面倒をみてやらなければ、木は大きくて立派な実を実らせることはできません。日照りが続けば、たっぷりと水をやる。土がやせていれば、堆肥《たいひ》などで栄養を補給してやる。雨風が吹いたら、倒れないような手立てをしてやる。そういった世話をしながら、自然とうまく共作していく必要があります。

仕事だって、同じこと。ともに仕事をする人を日の当たらない場所に追いやるのではなく、**「あなたのこういうところはすばらしいね」と褒めて、彼らの力が伸びる環境をつくってやる。**でも、あんまり甘やかしすぎるとひ弱になるので、厳しく叩くところは叩く。

そんなふうに面倒をみてやり、みんなが力を合わせていい結果が出せたなら、みんなで喜び合う。けっして、自分ひとりの手柄にしてはいけません。

それが、事がうまく運ぶように働きかけてくれる「自然の力」を活用する、ということなのです。

トラブルの種を不用意にまかない

大道《だいどう》廃《すた》れて仁義《じんぎ》有《あ》り。智恵《ちえ》出《い》でて大偽《たいぎ》有《あ》り。
六親《りくしん》和《わ》せずして孝慈《こうじ》有《あ》り。国家《こっか》昏乱《こんらん》して忠臣《ちゅうしん》有《あ》り。（俗薄第十八）

超訳

社会がどうであれ、組織がどうであれ、自分の生き方はそれに左右されるものではない。自分が心地よく生きることだけを考えていれば、トラブルとは無縁の人生を送ることができるのだ。

ここは、実は儒家の思想に対する強烈な攻撃になっています。

「仁義が大切だとことさらに強調するのは、裏返せば社会が仁義を失い乱れているからだ。孝行にしたって、みんなが当たり前に実践していれば言わずもがなのことだ」といった具合に、逆説的に儒家精神を批判しているのです。

たしかに、いまの世の中を見渡してみても、母の日、父の日、敬老の日、勤労感謝の日などの休日があったり、電車にシルバーシートが設けられていたり……。「わざわざそんなことをしなくては、人を思いやる心が持てないの？」と、思わず揶揄《やゆ》したくなるような状況がたくさんありますね。老子の批評は、なかなか痛烈です。

それはさておき、このくだりから私たちが読み取るべきは、誰かから、社会から強制されるまでもなく、自分が一番心地よい生き方は何かを考えて行動しましょう、ということです。そこから発想すれば、自然と人を思いやる気持ちが湧いてくるし、人間関係でトラブルが生じることもないのです。

言い換えれば、それはトラブルの種をまかない、ということでもあります。いったんトラブルが生じると、心地よく生きることなどとてもできませんからね。

加えて、トラブルのやっかいなところは、怨みが生じてしまうことです。「任契第七十九」に、こんな言葉があります。

大怨《だいえん》を和《やわら》ぐるも、必《かなら》ず余《よ》怨《えん》有《あ》り。安《いずく》んぞ以《もっ》て善《ぜん》と為《な》す可《べ》けんや。是《ここ》を以《もっ》て聖人《せいじん》は左契《さけい》を執《と》るも、而《しか》も人《ひと》を責《せ》めず。

一度深刻な怨みが生じると、たとえ表面的に和解できたとしても、必ず後々まで怨みが残るもの。だから、怨みを生じさせないように、割符（貸した証文）を取っても、それで人を責めたりするな、と老子は言っています。

その典型が金銭トラブルでしょう。誰かから「お金を貸してほしい」と言われたとき、あなたはどうしますか？　貸さずに恨まれるのはイヤだから、貸しますか？　でも、相手が返してくれなかったら、やはりイヤな思いをしますよね。

私なら、こう言います。

「いや、貸せない。いくら必要なんだい？　十万円？　だったら、二万円用立てよう。あげるよ、その金は。そのかわり、これっきり。二度とあげないよ」

このように、貸してほしいと言われた金額の五分の一くらいを、一回こっきりの約束であげてしまうのです。もちろん、金額の多寡によって割合は違ってきますが、常識的な範囲なら、五分の一が妥当な線ではないかと思います。

こうすれば、相手から恨まれることはないし、自分の財布はちょっと寂しくなるけれど、返してくれない場合に気を揉むことも、返済を迫るときの重い気分も味わわずにすみます。「二度とあげない」と宣言することで、さらなる借金の申し込みを避けることもできるのです。

もっとも、図々しい人ならこれに味をしめて、二度、三度と借金を申し込んでくるかもしれません。

そんな場合に備えて、私は必ず一筆書いてもらうようにしています。これは、老子の言う割符ですね。

もちろん、自分自身は絶対に人からお金を借りるようなことはしません。どうしても借りる必要が生じたら、友人や知人ではなく、お金の貸し借りをビジネスにしている銀行などから借ります。これなら、人間関係のトラブルには発展しませんからね。

よく「金の切れ目は縁の切れ目」と言われるように、親しい人の間でお金の貸し借りをすることは、すなわちトラブルの種をまくことだと自戒してください。

何だか世知辛い話をしましたが、大事なのは、お金のことだけではなく、**何事においても「どうすれば、自分が一番心地よく生きられるか」という視点を持って行動すること。**

そこさえ間違えなければ、自分からトラブルの種をまくような行動を取ることはなくなります。

「許す・許さない」は天だけが決めること

天網《てんもう》恢恢《かいかい》、疎《そ》にして失《うしな》わず。(任為第七十三)

超訳

どんなにひどい目に遭っても、「あいつは許せない!」などと言って、仕返しをしたり、罰を与えたりしてはいけない。その役目は天が負うもの。天には悪人を漏らさずに捕える網がある。悪いことをした人には天罰が下るのである。

人生、いつも自分の思い通りに事が運ぶとは限りません。むしろ、思い通りにいかないことのほうがずっと多いでしょう。

そんなときに、「あいつがジャマをしなければ」とか、「あいつさえ足を引っ張らなければ」「あいつが裏切らなければ」「あいつが自分の言うことを聞いていれば」といった具合に、うまくいかないことを他人のせいにしてはいませんか?

それだけならまだしも、「もう許せない!」と頭に血が上って、仕返しをしたり、罰を与えたりしたくなる場合もあるでしょう。

ただ、実際問題、人を許せないという気持ちの裏には、「自分に利益をよこせ」という私利私欲が潜んでいるもの。相手が自分の利益を優先させたところで、それをどうこう咎《とが》めるのはいかがなものでしょうか。自分勝手という意味では、相手も自分も五十歩百歩なのです。

もちろん、誰がどう見ても相手が悪いということだってあるでしょう。でも、どのような場合でも事の善悪を判断し、必要に応じて罰を下すのは人ではなく、天の役目である。そう、老子は言っています。

「天網恢恢、疎にして失わず」、天の網は広大で目が粗いようだが、悪人は漏らさず捕らえる、ということです。これをさらに深読みすると、

「誰が悪い、何が悪いと心を煩わせている時間がもったいない。裁きは天に任せて、自分のやるべき仕事に脇目もふらず、懸命に取り組みなさい」

というメッセージ。

そう考えれば、「許せない人」も「許せないこと」も消えてなくなり、虚心で物事に集中できます。

「忙しい」のは何の自慢にもならない

有《う》の以《もっ》て利《り》を為《な》すは、無《む》の以《もっ》て用《よう》を為《な》せばなり。（無用第十一）

超訳

目先の利益で有用・無用を決めつけてはいけない。いまは無用に思えても、先々必要になることもあれば、何の役にも立っていないようでいて、見えないところで大事な役割を果たしているものもあるのだから。「無用の用」ということをよく考えなさい。

日本はひところ、行政も企業もムダを省くことに一生懸命でした。財政・企業業績を立て直すために効率化を図る、それは当然、必要なことです。

けれども、短期的な視点のみで、あれもムダ、これもムダと、バサバサと切り捨てていくのは考えものです。中長期的視点から見れば、将来につながる有効な投資になるかもしれないからです。また、一見〝金食い虫〟のように見える部門や事業だって、売り上げに直結していないだけで、実は組織全体を支える重要な働きをしている場合だって、よくあります。そこら辺をよく考えて、本当にムダなのか、目に見えないところで役に立ってはいないか、といったことを見極める必要があります。

老子はこの「無用の用」について、三つ、おもしろいたとえをしています。

一つは、車輪のハブとスポーク。中心から放射状に伸びているスポークは、一つのハブに集中しています。このハブは一見、ムダに見えますが、「取っちゃえ」というわけにはいきません。ハブがあるからこそ、車輪は回転してその用を為すのです。

二つ目は、粘土をこねてつくる器。真ん中がくぼみになっているからといって、「空洞にしておくのはもったいない」と埋めてしまったら、どうですか？　器として使えなくなってしまいます。

三つ目は、室の空間。人の入る空間をムダだと言って埋めてしまったら、人が中に入ることができず、室としての用を為さないわけです。

こういった例から、老子は「無」が「有」の働きを支えていることを説明しているのです。

その意味では、手帳に空白が多いのはもったいないとばかりに、スケジュールをびっしり詰め込む、なんて人も、「無用の用」がわかっていない典型例と言えます。ただひたすら忙しくして心身の調子を狂わせたいのでしょうか。多少は空白の時間がないと、余裕をもって仕事ができないし、心身も休まる暇がないではありませんか。スケジュールで埋め尽くされた手帳は、けっして自慢にはならないのです。

無理には無理が返ってくるという法則

生《せい》の徒《と》、十《じゅう》に三《さん》有《あ》り。死《し》の徒《と》、十《じゅう》に三《さん》有《あ》り。人《ひと》の生《せい》、動《うご》いて死地《しち》に之《ゆ》くもの、十《じゅう》に三《さん》有《あ》り。夫《そ》れ何故《なにゆえ》ぞや。其《そ》の生《せい》を生《せい》とするの厚《あつ》きを以《もつ》てなり。（貴生第五十）

超訳

あんまり生に執着すると、長生きできないよ。寿命のことなど気にせず、自然に任せていればいい。

ドキリとさせられる一文です。

人間が十人いたら、そのうち三人がもともと寿命の長い人、三人がもともと短命な人、三人が長生きしたいと思う余りにいろんな無理を重ねて逆に寿命を縮めてしまう人。私は、人の寿命について、そんなふうに分類しています。

あなたは、わが身を振り返って、どうですか？

たとえば「長生きしたい。豊かな老後を楽しみたい。そのためには、いまのうちにたくさん稼いでおかなければ」などと考えて、無理をしていませんか？

あるいは、健康に気を使いすぎて、かえって体に負担をかけるようなことをしていませんか？

現代人にはとくに「人の生、動いて死地に之くもの」という人が多いように見受けます。これもまた、「無理には無理が返ってくる」一例とも言えます。

では、十人のうち残る一人は、どういう人なのか。

それは、生に執着せず、かといって死を恐怖することもなく、自然に任せて淡々と生きる人。一言で言えば、「生死を乗り越えた人」です。そして、こういう人が結局は一番長生きするのですね。

そりゃあそうです、生死にまつわるいろんなこだわりがなく、その分ストレスフリーでいられるのですから、体の健康にとって、これほどいいことはありません。

良寛《りょうかん》のように**「死ぬときは死ぬがよし」くらいにのんきに構えているのが、ちょうどいい生き方**でもあります。

死んでも故郷の母のもとに帰るだけなのですから、生死にはそう頓着することはないのです。

2章

「本当の強さを身につける」老子の教え

——これが、「何があっても動じない」柔軟な発想法

「こうあるべきだ」は捨てる

人《ひと》の生《う》まるるや柔弱《じゅうじゃく》なり。其《そ》の死《し》するや堅強《けんきょう》なり。
万物草木《ばんぶつそうもく》の生《しょう》ずるや柔脆《じゅうぜい》なり。其《そ》の死《し》するや枯槁《ここう》す。
故《ゆえ》に堅強《けんきょう》なる者《もの》は死《し》の徒《と》、
柔弱《じゅうじゃく》なる者《もの》は生《せい》の徒《と》なり。（戒強第七十六）

超訳

人間をはじめ万物はみな、生まれたときは柔らかく、死が近づくにつれて堅くなっていく。つまり、柔弱なものは生、堅強なものは死に分類される。それなのにどうして、この世には「堅強であることがすばらしい」という価値観がまかり通っているのか。本当の強さは柔弱にこそあるのだ。


「強くありたい」

誰もがそう願っているでしょう。

ただし、その強さを堅強さに求めているとしたら、「本当に強い人」にはなれません。追求すべきは柔軟さ。「柔弱」は、「道」の無為自然なあり方にも通じるものなんです。

ここに続く段でも、老子は「強い軍隊は武力に頼りがちだから、常に滅ぼされる危険と隣り合わせにある。樹木だって、堅強であればあるほど大風が吹けばポキンと折れる」と言っています。

つまり、本当の強さは、軍隊なら敵の攻撃をうまくかわせる柔軟さ、樹木なら風の強さに応じて「柳に風と受け流す」しなやかさを持っているもののほうが強いんだ、としているのです。それは、

強大《きょうだい》なるは下《した》に処《お》り、柔弱《じゅうじゃく》なるは上《うえ》に処《お》る。

という一言に集約されています。

もっと嚙《か》み砕くと、「頑固者じゃあいけませんよ」ということです。

頑固者というのは、「こうでなければならない」「こうあるべきだ」という考えに凝り固まっています。

世の中の常識に縛られていたり、過去の価値観ややり方に固執したり、物事に対して決まりきった見方しかしなかったり。時代や情勢の変化に柔軟機敏に対応しようとしません。

そんなふうでは、自由に物事を考え、行動できなくなってしまいます。

しかも、「どうして自分が折れなければならないのか。そっちが自分に合わせろ」という感じになって、周囲の人たちと対立することが増えます。当然、苦しい思いをするし、事をうまく運ぶこともできない。やがて孤立して、自分の存在自体を死に至らしめるかもしれません。そこに頑固者の弱さがあるのです。

老荘思想が目指しているのは「絶対自由の境地」。

頑固であればあるほど、そこに至る道を自分で閉ざしてしまうことになる、ということです。

何も、長いものに巻かれなさい、周囲に迎合しなさい、ということではありません。

老子は**「あらゆる価値観を受け入れながら、自分を縛る縄を解いて自由になって、柔軟に物事に対応していこうよ」**と言っているのです。

よく「年を取れば取るほど、頭が固くなる」と言われますね？　それは経験知のなせるわざ。

経験を積むのは良いことですが、その経験が、既成概念や固定観念を植えつけて、自分の自由を奪ってしまうという側面もあります。そこを意識して、柔軟さを目指してください。

昔は「頑固者＝年寄り」と相場が決まっていたものですが、いまは若者にも頑固者が相当数いるように見受けられます。

自分の考えというより、世間的な価値観に縛られるがゆえに、それとは別の価値観を拒むことで頑固の鎧をまとってしまうのでしょう。人間が弱くなったことの裏返しでもあります。

テクニック的なことを一つ言うと、自分の頭が固くなっているなぁ、自分が頑なになっているなぁと感じたときは、手のひらを上に向けてみてください。自然と力が抜けて、いろんなものを受け入れる態勢が整えられます。

あるいは、日向ぼっこをしたり、ハワイアンミュージックのような悩みのない音楽を聴いたりするのもいいですね。気持ちがゆるみます。

いずれも単純なことですが、意外と効果的なので試してみてください。

「復元力」のある人間は強い

天下《てんか》の柔弱《じゅうじゃく》なるもの、水《みず》に過《す》ぐるは莫《な》し。
而《しか》も堅強《けんきょう》を攻《せ》むる者《もの》、能《よ》く勝《まさ》るあるを知《し》る莫《な》し。
其《そ》れ以《もっ》て之《これ》に易《かわ》るもの無《な》し。（任信第七十八）

超訳

どんなに悲惨なことが起きても、強い人というのは必ず立ち直る。「復元力」があるからだ。その「復元力」をもたらすのは、力任せに押しても、また元通りになる暖簾のような柔軟さである。そういう「復元力」をつければ、この世でしたたかに生き残っていけるものだ。

前項に続いて、柔軟であることの大切さを説いています。柔軟であれば、いかなる困難をも受け入れて、屈しているかに見えてすぐに元通りになる、というのです。

私はこれを「復元力」と名づけています。近ごろは「逆境力」という言葉が流行りのようですが、ちょっと違います。

「逆境力」というと、困難に立ち向かって、はねのけて進むイメージですが、「復元力」は困難をグーッと受け止めて、その反動で押し戻す感じです。

たとえば、仕事をしばらく休んで、力をつけることに専念するときに、よく「充電期間」という言葉を使いますね？

イメージとしては、そっちに近い。困難の渦中にありながらも、心をいったんそこから離すのがコツです。

そうして、**ちょっと過去を振り返り、気分が落ち込んだときに自分はどうやって元気を回復したかを思い出してみる**のです。

たとえばの話、

「失恋してセンチメンタル・ジャーニーに出かけて、そこで見た風景に心が洗われたなぁ」とか、

「仕事でしくじったとき、ジムでうんと汗を流したら、気分が晴れ晴れとしたっけ」

「信頼していた人に裏切られて落ち込んだとき、あの音楽に支えられたなぁ」

「失業して何もすることがなく、うつうつとしていたとき、暇に飽《あ》かして部屋中を掃除したら、何となく心の余裕を取り戻せたなぁ」

といった経験がありますよね？　そのプロセスを踏襲してみるのです。

それだけで、空虚な心に元気が満ちてきます。と同時に、頭も柔軟になって、これからどうすればいいかがわかってくるのです。

何があっても、平常心を失わず、ゆったりとしている人がいるでしょう？　彼らはこんなふうに心の元気を回復させる術を知っている。だから、「復元力」をもって、したたかに生き残ることができるのです。

この項の最後を締めくくって、「微明第三十六」にあるシンプルな言葉を紹介しておきましょう。


柔弱《じゅうじゃく》は剛強《ごうきょう》に勝《か》つ。

危機に陥って、それを力業ではねのけようとする自分が首をもたげたとき、この言葉を思い出してください。

やるべきときは徹底してやるのが実力者

道《みち》は冲《ちゅう》にして之《これ》を用《もち》うるも、或《ひさ》しく盈《み》たず。
淵《えん》として万物《ばんぶつ》の宗《そう》に似《に》たり。
其《そ》の鋭《えい》を挫《くじ》き、其《そ》の紛《ふん》を解《と》く。
其《そ》の光《ひかり》を和《やわら》げ、其《そ》の塵《ちり》に同《どう》ず。
湛《たん》として存《そん》する或《あ》るに似《に》たり。（無源第四）

超訳

一生は長いのだから、何も成果を急ぐことはない。とくに若いうちは心を空っぽにして、ひたすら実力を上げることに努めなさい。些細なことに悩んだり、将来を心配したりする暇もないくらい精進することだ。

最近の若い人は、どうも生き急いでいるように見えてなりません。まだ実力がそんなに備わっていないのに、すぐに成果を出さなくてはと、無理に無理を重ねているのではないでしょうか。

だから、疲れるし、悩みも多い。成果を焦る余り、「このままでいいんだろうか」などと、先のことに不安を覚える。

そうなると、心がかき乱されて、仕事に集中することができず、なかなか実力がつかない。そんな悪循環に陥っているのです。

このくだりは、そんな若い人たちへのメッセージでもあります。

「人生は長いんだから、そう生き急ぐなよ。とくに四十歳までの若い世代は、和光同《どう》塵《じん》だよ。俗世間にまぎれて、むしろ目立たないほうがいいんだ。

周囲の評価を気にしたり、将来を憂えて取り越し苦労をしたりする暇があったら、とにかく自分の実力を向上させることだけに集中しなさい。そうすれば、自然と悩みも消えてなくなるんだ。

人生はつまるところ、実力をつけた人間の勝ち。実力もないのに成果を求めるなんて、ただの〝ええかっこしい〟だよ」

こうお話ししていて、もう五十年も前に見たある風景を思い出しました。よく遊びに行く友だちの家の近所に、いつも畳を干している家があって、その畳に穴が二つあいていたのです。

私は不思議に思って、友だちに尋ねてみました。

「ああ、あそこはジャイアンツのコーチをやっている荒川博さんの家でね、王選手が毎日のように来て、座敷で素振りをやってるんだって。何百回もやるから、激しい足の動きに畳がこすれてしまうらしいよ」

王貞治というスター選手の華やかなところしか知らなかった私は、「人よりうんと努力をしているんだな」と知って、とても驚いたことを覚えています。

若いうちは、こうでなくてはいけません。とくに**三十代は、将来に向けて自己投資をする時期に位置付けられます。**

この時期に実力を上げていくか否かが、後の人生の〝愉快度〟を大きく左右すると言っても過言ではありません。

「昨日の自分」をいかに超えるか

兵《へい》は不祥《ふしょう》の器《き》、君子《くんし》の器《き》に非《あら》ず。已《や》むを得《え》ずして之《これ》を用《もち》うるも、恬淡《てんたん》を上《じょう》と為《な》す。(偃武第三十一)

超訳

どうしても争わなければならなくとも、勝ち負けに執着してはならない。勝って快感を覚えたってしょうがない。争っている暇があったら、実力を磨きなさい。戦う相手は「昨日の自分」なのだ。

戦争の無意味さ、つまり「不争」を説いたこのくだりは、競争社会に置き換えて読むといいでしょう。

ビジネスマンの多くは、ライバルよりいい結果を出そう、競争に勝ち抜こうと遮二無二仕事をしていますね。

でも、老子は人と争うこと自体が無意味だとしています。

ただし、「争わずに勝て」とも言っていません。勝ち負けに執着して情熱を燃やしたり、勝って快哉を叫んだりしたところで、何もいいことはないと言うのです。

たしかに、争いはエネルギーをかなり消耗します。ほかのことは何も手につかず、頭の中が勝ち負けのことでいっぱいになってしまいます。

しかも、争って勝ったからといって、また新たな争いに巻き込まれるだけで、あまりいいことはありません。

私も若いころは、ずいぶん人と争ったものですが、いま振り返ると、「あの時間は本当にムダだったなぁ」と実感しています。


「争ってる暇があったら、そんなにエネルギーと時間があり余っているなら、自分の実力を上げることに集中したらどうだい？」


これが、老子のメッセージです。

「実力を上げる」とは、言い換えれば、「昨日の自分」と戦うこと。昨日より今日、今日より明日と実力を上げていく気持ちを持つことが大切です。

「教養」はうっかりこぼれ出るものと知る

希言《きげん》こそ自然《しぜん》なれ。
飄風《ひょうふう》は朝《あした》を終《お》えず、驟雨《しゅうう》は日《ひ》を終えず。
孰《たれ》か此《これ》を為《な》す者《もの》ぞ。天地《てんち》なり。
天地《てんち》すら尚久《なおひさ》しきこと能《あた》わず、
而《しか》るを況《いわ》んや人《ひと》に於《お》いてをや。（虚無第二十三）

超訳

言葉は自然とこぼれるもの。ベラベラとまくし立てるものではない。天地が起こす台風も豪雨も二日と続かないのだから、人間ごときがしゃべり続けるなんてとうていできやしない。そんな言葉は信じるに足らない。

老子は「不言の教え」とされるように、言葉に価値を置いていません。
「げっぷのように自然とこぼれ落ちてくる言葉なら、まぁ信じることはできるね」という考えです。

近年は、プレゼンテーションでも会議でも、往々にして、とにかく立て板に水のごとくベラベラとしゃべることが求められますが、それとはまったく逆。そんなに無理して多くの言葉を紡ぎ出すこと自体が、不自然だとしているのです。

これを台風や豪雨にたとえて、「天地だってそんな無理は続かない」と言っているのは、老子のおもしろいところ。

自分の発言に対して、それが無理してひねり出した言葉なのか、自然にこぼれ落ちた言葉なのかを、いま一度反省してみる必要がありそうです。

その意味では、教養も同じですね。大してありもしない教養をひけらかすなど、不自然の極みです。

インプットとアウトプットの関係で言えば、大量のインプットがあって、限界点でスッと抜けていく。そのくらいがちょうどいい。**何かの拍子に「教養がにじみ出る」ことが大切**なのです。

そういう人間になるためにも、黙して語らず、言葉や教養が自然とこぼれ出るくらいにまで実力を磨くことを心がけてください。

「力尽く」と書いて「失敗のもと」と読む

天下《てんか》は神器《しんき》、為《おさ》む可《べ》からざるなり。為《おさ》むる者《もの》は之《これ》を敗《やぶ》り、執《と》る者《もの》は之《これ》を失《うしな》う。（無為第二十九）

超訳

自分の思い通りにしようと、力尽く、腕尽く、権力尽くでやっても、人を動かせやしない。意が通らずに敗れ、取り込もうとして失い、結局のところ「失敗」するだけなのだ。

力尽く、腕尽く、権力尽くがうまくいかないのは、やられる立場で考えればすぐわかります。そんな高圧的な人に、反発は覚えても、したがう気になどなれませんから。それなのにどうして、人は力を持つと、強引にでも人をしたがわせようとしてしまうのでしょうか。その理由は、二つあります。

一つは、自分の力を誇示したい欲求があるから。もう一つは、周囲と理解し合おうという気持ちがないか、理解し合うことをあきらめてしまったからです。

たとえば、企業買収を見てごらんなさい。

買収した側がされた側に、「これからは、うちのやり方にしたがってくれ」などと高圧的に出たら、どうですか？　買収された会社の社員はみんな反発して、がんばって仕事をしようなんて思いませんよね。最悪の場合、辞めてしまう人が大量に出るかもしれません。買収というのは、人材の獲得も含めてのことですから、そうなってしまっては、一体何のために買収したのか、という話になります。

だから、**〝力勝負〟はうまくいかない**んです。

大事なのは、まず相手がどうしたいのかを聞き出し、それを自分のしてほしいことと摺《す》り合わせながら、互いが心底理解・納得するまで、とことん話し合うことです。

それも、通り一遍の話し合いではダメ。どれだけ屁理屈を並べたてたところで、話がこじれるだけです。

必要なのは、いわば「魂と魂のぶつかり合い」。双方が我を忘れるくらいに真剣に、自分の思うところを腹の底から洗いざらいぶちまけ、妥協点を探していかなくてはいけません。こういうプロセスを経て、初めて互いの距離がぐっと縮まり、人を動かすことができるのです。

「自慢」は必ずあなたを滅ぼす

自《みずか》ら見《あら》わさず、故《ゆえ》に明《あきら》かなり。
自《みずか》ら是《ぜ》とせず、故《ゆえ》に彰《あきら》かなり。
自《みずか》ら伐《ほこ》らず、故《ゆえ》に功《こう》有《あ》り。
自《みずか》ら矜《ほこ》らず、故《ゆえ》に長《ちょう》たり。（益謙第二十二）

自分のやったことを人に自慢するのは愚かなことだ。もっと実力を高めようとする向上心が、そこで止まってしまうからだ。しかも、自慢話を聞かされるほうは、たまったものではない。親友を得ることはできないだろう。自慢は二重の意味で、自分で自分の首を絞める行為なのだ。

超訳

日常会話に占める自慢話の割合は、相当高いのではないでしょうか。
誰かが自慢話をして、それに負けじとまた誰かが自慢話をする。そんな連続でしょう。しかも、自分が自慢話をしたことは棚上げにして、「あいつは自慢ばかりする」

と他者を嫌悪する人の、何と多いことか。

せっかく人に誇れる良い行ないをしても、自分からそれをひけらかし、自慢したのでは、行ないの値打ちは半減どころかマイナスになってしまいます。その理由は、二つ。

一つは、自慢から慢心が生じ、「さらに実力を磨いていかなくては」という向上心が失われてしまうからです。その瞬間、自分の成長は止まると言っていいでしょう。結局は実力がつきません。

本当に実力のある人というのは、常に現状に満足しません。だから、向上心をバネにしていっそう実力を磨いていけるのです。あえて自慢などしなくても、いや、しないからこそ、周囲に評価されるというわけです。

もう一つは、自慢話は人を遠ざけてしまうからです。

これはみなさん、経験的によくご存じでしょう。自慢話ばかりするような人と、一体誰がつき合いたいと思うでしょうか。

もしつき合ってくれる人がいたとしても、そこにあるのは利害関係だけ。本当の親友は得られないし、自分が困ったときに、誰も助け舟を出してはくれません。

権力者に群がっていた人たちが、その人が落ちぶれた瞬間に蜘蛛の子を散らすようにいなくなってしまった……そんな話をよく聞くでしょう？　まさに、そういうことになるのです。

自慢は、自分で自分の首を絞めること。それを、くれぐれもお忘れなく。

超訳

下にへいこらさせるのは小物の証明

大国《たいこく》は下流《かりゅう》にして、天下《てんか》の交《こう》なり。天下《てんか》の牝《ひん》なり。
牝常《ひんつね》に静《せい》を以《もっ》て牡《ぼ》に勝《か》つ。
静《せい》を以《もっ》て下《くだ》ることを為《な》せばなり。（謙徳第六十一）

ポジションが**上**がれば**上**がるほど、へりくだった**態度**をとるのがいい。すぐに**感情的**になったり、**威張り散らし**たりするような**人**は、**未熟者**である**証拠**だ。**年を重ねるほどに腰は低く**。それが**大物**の**流儀**である。

老子の言う大国と小国は、ベテランと新米、あるいは上司と部下になぞらえて読むことができます。

ポジションが上がるにつれて、たいていの人は横柄な態度をとるようになりがちです。自分の力を誇示したり、下の者を頭ごなしに叱りつけたりすることで、自分の存在感を示そうとするのですね。

しかし、そんなふうでは自分は未熟者だと喧伝するようなもの。「弱い犬ほどよく吠える」と、世間の笑いものになるのがオチでしょう。

逆に、上の者がへりくだった態度でいると、どうですか？　下の者は「全然偉ぶらないところに、器の大きさを感じるなぁ。この人についていこう」と思うでしょう。世間も「あんなに謙虚にふるまえるなんて、ただ者ではないぞ。立派な人だなぁ」と高く評価するはずです。

ポジションが上がれば上がるほど、謙虚さというのは光る美徳になるのです。下の者に媚《こ》びへつらわせているうちは、まだまだ小物と言えます。

一方、下の者があんまりへりくだるというのは考えものです。ポジションが低いうえに腰が低いのは、媚を売ることにほかならないからです。

むしろ、若いうちは生意気なくらいがちょうどいい。上司相手でもバンバン言いたいことを言ったほうが、「元気があるなぁ。やる気満々だなぁ」と好感をもって受け止めてもらえます。これは、若さの特権です。

このことに関連して、人づき合いを軸に置いた私の〝生き方論〟を一つ。

十代は体を鍛えるとき。

体力はすべての基礎になりますから、クラブ活動なり何なりで運動をする。あと、受験勉強に精を出すのだって、心身の鍛練になります。

二十代はケンカをするとき。

十代で蓄積した体力があれば、人とぶつかるだけのエネルギーも湧こうというものです。それに、多少のムチャをしても、二十代のケンカは「若気の至りで申し訳ありませんでした」ですみますから、大事には至りません。ときにはこぶしを使うことも含めて、思う存分、ケンカをしていい。

私も、映画会社に勤めていた二十代のころは、よくケンカをしました。いま思うと「踊らされた」感じですが、労働組合の書記長になって、団交では社長相手に言いたい放題。

そんな若造にも社長は丁寧に答えてくれて、まさに「年を重ねるほどに腰が低くなる」立派な人だったと、改めて思います。

もっとも、組合活動をしていると、会社から目をつけられて、どんどん閑職に追いやられます。「しまった」と気づいたときは、後の祭り。でも、やりすぎるとへこまされることを、身をもって知ることができ、貴重な体験になりました。

三十代は、仲良くすることを覚えるとき。

たくさんケンカをしておくと、たとえば「これ以上やると大変なことになりそうだから、やめておこう」とか「ここはもうちょっとガツンとやったほうがお互いのためだ」といったことがぼんやりわかる。その経験値をもとに、人との間合いが測れるようになります。

それに、ケンカをした相手ほど、後々仲良くなれるもの。互いに胸襟を開いてぶつかり合ったおかげで、密度の濃い交流ができるのです。

さらに、四十代はケンカと親和をうまく使い分けるコツを覚えるときで、五十代はそのコツを実践でさらに鍛えるとき。

孔子が「五十にして天命を知る」と言った、その五十代からは、それまでに培った

〝人間関係力〟を駆使して、大きな仕事を成すことができます。

そうすると、六十歳以降の人生は、やりたい放題をやっても、節度を守ることが自然とできるようになり、愉快な老後が開けるのです。

こんな感じで生きていると、人づき合いにおいては自然と、老子が言うような「年とともに腰が低くなる」謙虚さが身につきます。

3章

「自分をコントロールする」老子の教え

——自分にとって危険な「欲望」をいかに封じ込めるか

「勝ち目のない戦い」をするな

賢《けん》を尚《たっと》ばざれば、民《たみ》をして争《あらそ》わざらしむ。
得難《えがた》きの貨《か》を貴《たっと》ばざれば、民《たみ》をして盗《とう》を為《な》さざらしむ。
欲《ほっ》す可《べ》きを見《しめ》さざれば、民《たみ》の心《こころ》をして乱《みだ》れざらしむ。(安民第三)

超訳

実力がないのに**無理**して**高望**みをしても、**手**ひどいしっぺ**返**しに**遭**うだけだ。また、**欲**にかられると、**無理**な**競争**をして**心身**が**疲弊**することになる。**無理**には**無理**が**返**ってくると**知**って、**分不相応**の**欲**は**持**たないことだ。

「無理」とは文字通り、理が無いこと。自分の実力を客観的に評価せずに、あるいは過信して、自分のレベルよりはるかに高度な知識・技術の求められることに手を出したり、現時点ではまだ足元にもおよばない実力者と張り合ったりする。

それは、無理というものです。そんな高望みをして無理をしていると、決まって無理が返ってきます。「百年早いよ」とばかりに、大変なしっぺ返しを食らうのです。

なぜ、無理をしてしまうのか。その一つの原因は、この世には欲につけこんで、人の心を煽るような情報があふれ返っていることにあります。

「世の中にはこんなに優秀な人たちがたくさんいて、彼らはみんな贅沢な暮らしを楽しんでいるんだよ。うらやましいでしょう?

あなたもがんばれば、うんと儲かりますよ。有名になれますよ。世の中に認められますよ。周囲がうらやむような贅沢ができますよ」

こんなふうに、欲望を刺激する〝仕掛け〟が方々に張りめぐらされているのです。

これにうっかり乗せられると、こてんぱんに打ちのめされることになります。人間の欲望には際限がありませんから、勝ち目のない戦いをするようなもの。実に無謀なことなのです。そのうちお金に目がくらんで、泥棒や詐欺などの犯罪に手を染めることにならないとも限りません。

もちろん、高い目標を立ててがんばることは大切です。しかし、一気に高望みをするのではなく、自分の実力を考えて段階的に挑んでいくのでなければ、何事もうまくいくわけはないのです。

しかも、その目指すところが自分の本当に望んでいるものでなければ、がんばる意味もありません。それは、自分の本当の欲望にフタをして無理をすることにほかならないからです。

「無理には無理が返ってくる」のが道理というもの。そこで自らを戒め、世俗的な欲に振り回されないよう用心することが必要です。

また、欲の恐ろしさについて、老子は「倹欲第四十六」で次のように言っています。

罪《つみ》は可欲《かよく》より大《だい》なるは莫《な》く、禍《わざわい》は足《た》るを知《し》らざるより大《だい》なるは莫《な》く、咎《とが》めは得《え》んと欲《ほっ》するより大《だい》なるは莫《な》し。

これは、「本質的に重要なものは何かを考えなさい」ということ。その最たるものは命でしょう。

欲が高じると、たとえばもっと稼ごうと働きすぎてしまったり、もっとおいしいものを食べたいと食生活が乱れたり、がめつくやりすぎて周囲の人に殺してやりたいと思われるほど憎まれたり。場合によっては、命を落とす危険だってあるのです。

この警告をしっかり受け止めて、くれぐれも命を軽視することのないようにしてください。

「本当に欲しいもの」以外には目もくれない

聖人《せいじん》は腹《はら》の為《ため》にして目《め》の為《ため》にせず。故《ゆえ》に彼《かれ》を去《さ》りて此《これ》を取《と》る。(検欲第十二)

超訳

世の中が仕掛けてくる欲望なんかに惑わされず、自分の中身を充実させようとまじめに生きる。それが立派な人間というものである。

この前段のところで、老子はこう言っています。

五色《ごしき》は人《ひと》の目《め》をして盲《もう》ならしむ。五音《ごいん》は人《ひと》の耳《みみ》をして聾《ろう》ならしむ。五味《ごみ》は人《ひと》の口《くち》をして爽《そう》ならしむ。

色も音も味も、たくさんあればあるほど、感覚が狂ってしまう。何を見ても、何を聞いても、何を味わっても、何がいいんだか、悪いんだか、わからなくなる。つまり、感覚的な欲望のままに、うわべの華やかさに惑わされていると、自分を失うよ、人生を狂わせてしまうよ、ということです。

さらに、老子は続くくだりで、狩猟に興じたり、高価なものを求めたりなど、贅沢な快楽に身を任せることを戒めています。

これは人間が陥りやすい〝人生のわな〟とでも言うべきもの。欲望には簡単に火がついてしまうのです。

だから、私たちは意識して、何事もその実質を見極めるようにしなければなりません。自分に必要な色、音、味わいは何なのかを自らに問い、それ以外のものには目もくれない、耳も貸さない、味見もしないよう努めることが大切です。

買い物一つとってもそう。自分に必要なものがわかっていないと、いろんなものに目移りして、つい不要なものや予算オーバーの高価なものを買ってしまうことがよくあります。何にせよ、**世の中が仕掛けてくる欲望なんかに惑わされないこと**です。

「命を削りながら欲望を満たす」という愚行

素《そ》を見《あら》わし朴《ぼく》を抱《いだ》き、
私《わたくし》を少《すくな》くし欲《よく》を寡《すくな》くせよ。（還淳第十九）

超訳

表面を着飾って生きることは、命を削るようなものだ。地に足をつけ、自分の中身を充実させ生きていきなさい。それが命の喜ぶことなのだ。

漢文で書くと「見素抱樸《けんそほうぼく》、少私寡欲《しょうしかよく》」。この言葉は老子の主張の中でももっとも重要なものの一つです。このくだりの前段に、

聖《せい》を絶《た》ち智《ち》を棄《す》つれば、民利《みんり》百倍《ひゃくばい》す。仁《じん》を絶《た》ち義《ぎ》を棄《す》つれば、民孝慈《たみこうじ》に復《ふく》す。巧《こう》を絶《た》ち利《り》を棄《す》つれば、盗賊《とうぞく》有《あ》る無《な》し。

とあって、「自分には知恵があるとか、思いやりの心がある、道理をわきまえてい

る、技巧に秀でている、儲けている……そういうことへのこだわりを捨ててしまえば、世の中は真に豊かになるし、誰もが慈愛に満ちた心を持つ。盗人だっていなくなる」と言っています。

つまり、「虚飾を捨てて、自然とともにゆったり生きる」ことの重要性を説いているのです。

いまで言うなら、「ヒルズ族にあこがれて、虚飾に満ちた生活をしたいなんて思うなよ」といったところ。何もヒルズ族が悪いと言いたいのではなく、表面的に着飾ることばかりに気をとられることが問題なのです。

都心のタワーマンションに住み、ラグジュアリーブランドを身にまとい、高級レストランで食事をし……そんな贅沢を追い求めることは、多くの場合、「自分を実力以上に見せたい」という欲の表れでもあるからです。

そういうことばかりにエネルギーを使うと、心が貧しくなり、体も疲れ果ててしまいます。虚飾を維持するには、どうしても無理をしなければなりませんし、場合によっては、「盗みを働いてでも」「不正に手を染めてでも」ということにもなりかねません。

言わば、自分の命を削りながら、毎日ステーキを食べているようなものです。それでは、命が悲しみます。

では、**命が喜ぶこととは何か。それは、自然とともに生きること。**イメージとしては、旅の中で四季の移ろいを感じながら俳句を詠み、それを生きがいとした松尾芭蕉の生き方でしょうか。

いつも、いつもとは言いません。ときには自然に親しみ、月や花を見て、「ああ、きれいだなぁ」と感動のひとときを味わってください。俗世の欲がどうでもよくなり、生きる喜びがじわじわと湧いてくるはずです。

と同時に、心に生きる意欲が満ちてきて、仕事にも良い影響をおよぼします。虚飾に縛られることなく、自分が本当にやりたいことにエネルギーを注げるようになるのです。

同じことを、「帰元第五十二」では、次のように言っています。

其《そ》の兌《あな》を塞《ふさ》ぎ、其《そ》の門《もん》を閉《と》ずれば、終身勤《しゅうしんつか》れず。其《そ》の兌《あな》を開《ひら》き、其《そ》の事《こと》を済《な》せば、終身《しゅうしん》救《すく》われず。

老子は「人の目ばかり気にして生きるのは、もうやめようよ。楽しいことを見逃すばかりだよ。もっと自分を大切にしなさいよ」と言っているのです。

「欲七分」の生き方にシフトする

持《じ》して之《これ》を盈《みた》すは其《そ》の已《や》むに如《し》かず。
揣《きた》えて之《これ》を鋭《するど》くすれば長《なが》く保《たも》つ可《べ》からず。
金玉堂《きんぎょくどう》に満《み》つれば之《これ》を能《よ》く守《まも》る莫《な》し。(運夷第九)

超訳

あと少しと欲張ると、人は不自由になる。七分くらいで満足するのがいい。

水をなみなみと注いだグラスを持たされたら、あなたは手ぶらのときのようにスイスイ歩けますか? こぼしてはいけないと思う余り、とても自由に歩くことなどできませんね。

七分くらい水を注いだところで満足すればいいのに、「もっと入る、もっと入る」と欲張ってコップいっぱいに水を張るから、たかがコップの水一つに、体と心の自由を奪われてしまうことになるのです。

こんなふうに、人生には、「もうちょっと」と欲張ってしまったばかりに、身動きが取れなくなることがよくあります。

わかりやすい例が、株や為替などに投資することです。値上がりを続けていると、「まだ上がりそうだ」と欲張り、値が下がったら下がったで「そろそろ上がるだろう」と高値頼みをし、いずれにしても売りどきを逃して損を広げる。その先に待っているのは、「お金に不自由する」という苦い現実なのです。

老子はほかに、欲張ることの弊害を、二つの例で示しています。

一つは、刀を鍛える場合。名人は、どこで最後の一打ちをすれば、もっともいい状態になるかがわかっています。素人はその加減がわからないために、「もう一打ち」と欲張って、刀をダメにしてしまうのです。

もう一つは、家に金銀財宝を溜めこんだ場合。盗まれては大変だと、外出する気になれませんんね。旅行なんかに出かけてごらんなさい。頭の中はもう、家に残してきた金銀財宝のことでいっぱいで、観光も何もあったものではないでしょう。行動の自由が奪われるのです。

だから、「欲はほどほどにしなさいよ」というのが、老子のメッセージです。もう一つ、欲張りすぎることを戒めた文章が「守道第五十九」にもあります。

人《ひと》を治《おさ》め天《てん》に事《つか》うるは嗇《しょくし》に若くは莫《な》し。

超訳すると、「何をやるにもエネルギーを使い果たしてはいけない。『命の限り、がんばります』なんて言うのはかっこいいけれど、本当に命を縮めてしまうよ」ということ。

瞬間的に百点の成果をあげることを求めるより、七十点くらいで満足したほうが、エネルギーが枯渇せずに長続きする、ということです。これも欲と結びつけて読むことができますね？

私の経験では、「欲七分」くらいがちょうどいい。

ただし、年齢とともに強欲になるのが人間の常ですから、六十歳を過ぎたら「欲六分」くらいに下げることをおすすめします。食欲もそうですが、どんな欲も〝満腹状態〟は心身の毒にしかならないのです。

「お金があれば大丈夫」は甘い考え方

善《よ》く建《た》つる者《もの》は抜《ぬ》けず。善《よ》く抱《いだ》く者《もの》は脱《だつ》せず。子孫祭祀《しそんさいし》して輟《や》まず。之《これ》を身《み》に修《おさ》むれば、其《そ》の徳乃《とくすなわ》ち真《しん》。（修観第五十四）

超訳

この世には、自分と他人しかいない。自分はひとりで、その他のすべてが他人である。だから、利己主義で生きていると、孤立してしまう。そうならないように、徳、つまり他者のために自己の最善を尽くし切って生きていきなさい。

人間、孤立するほど怖いことはありません。

とくに現代人は、自給自足で暮らしていけるわけではなし、本当に孤立してしまったら、たちまち衣食住もままならなくなります。

孤立するというのは、誰からも一切の援助が得られないこと。もし、みんなから「お金さえあれば大丈夫」と思うかもしれませんが、それでは甘すぎます。

「あなたには何も売らない。何のサービスも提供しない」と言われたら、どうなりますか？　これこそ、絶体絶命のピンチでしょう。

だから現実問題、孤立して生きている人はまずいないのです。誰もが、いつだってほかの誰かと、何かとつながっているから生きていられる。そこを、まず忘れてはいけません。

なぜなら、他者とのつながりをないがしろにしていると、自分の利益のことばかり考える欲深な人間になってしまうからです。そうして他者への感謝の気持ちを忘れて、「自分さえよければいい」と利己主義で生きると、それこそ孤立してしまいます。誰しも、利己主義の人とはつき合いたくありませんからね。

そこで問われるのが**「徳」を身につけているかどうか**、です。

徳とは、自己の最善を他者に尽くし切ること。利己主義ではなく、利他主義で生きるよう努めることが大切なのです。

そういう人なら、みんなが「ああ、いい人だなぁ。本当に世話になったなぁ。何かあったら、次は自分が力になってあげよう」と思って、協力を惜しみません。孤立することなく、多くの人たちとつながって生きていけるのです。

私は若い頃、経営の神様、松下幸之助さんとこんな話をしたことがあります。

「経営者の条件って何ですか？」
「それは運が強いことです」
「運を強くするにはどうしたらいいんですか？」
「それは徳を積むことです」
「運が強いってどういうことですか？」
「絶体絶命のピンチに助け船が来ることです」

徳を積むことがいかに大切か、この短い会話からも感じ取れます。

自分本位で生きていると、ピンチに見舞われたときに再起不能なまでにやられてしまうものです。

どうせ持つなら「小欲」より「大欲」

道《みち》の天下《てんか》に在《あ》るを譬《たと》うれば、
猶《な》お川谷《せんこく》の江海《こうかい》に与《くみ》するがごとし。（聖徳第三十二）

超訳

私利私欲を満たそうなど、スケールが小さすぎる。そんな欲は捨て、宇宙的観点からみんなを幸せにすることを考えなさい。そういう大きな欲を持てば、海が川の流れを集めるように、人望を得て事を為すことができる。

たとえば、一国を支配する王様が欲の皮の突っ張った人間であったら、どういう行動に出るか。

自分の領地を広げようと、他国との戦争に全エネルギーを注ぎますね？ それは、世界の歴史を見ても明らかですし、未だにその手の支配者がいなくなりません。

結果、支配者は欲を満たせるでしょうか。そんな支配者の欲に巻き込まれる国民は、幸せになれるでしょうか。

答えはノー。支配者の欲のままに領地が広がり続けることはありえません。国民は疲弊し、支配者への不信感を募らせます。誰も幸せにはなれないのです。

「そんな不幸に帰する欲なんて、ちっぽけなもの。欲自体を否定するのではなく、欲の方向性が間違っている。

国民を、ひいては世界中の人々を幸せにしてやろうと欲する、そういう大きな欲を持ってくれ」

老子はそう言っているのです。

「大欲は無欲に似たり」という言葉があるように、支配者は大欲を持ち、私利私欲なんてケチな欲は持たないほうがいい、ということです。

これを経営者に置き換えると、「売り上げ拡大」なんていうのは小さな欲と言えます。そういうことに対しては無欲になり、常に社員の幸せを考える。

たとえば福利厚生を充実させる、海外留学をしたい社員にはその費用を出す、社員がやってみたい仕事に挑戦できる環境を整えるなど、ひとえに社員のためにすべての収益を注ぎ込むくらいのことをしてあげる。

そうすれば、社員のほうも妙な私利私欲を持たず、無欲になってがんばるし、経営者を信じてついてきてくれます。そうして経営者の人望が厚くなれば、事業がうまくいかないはずはありません。

このように、社員みんなを幸せにするという大欲は、「売り上げ拡大」という小さな欲を包括してしまうわけです。

このくだりを読むと、私は山岡鉄舟（江戸無血開城の立役者）を評した西郷南洲（西郷隆盛）の言葉を思い出します。彼はこう言っています。

「命もいらず、名もいらず、官位も金もいらないと言うような人は始末に困る。そういう始末に困るほどの人物でなければ、困難をわかち合い、国家のために大きな仕事を成し遂げることはできない」

私利私欲で生きている人間なんか、信用ならないというのです。

卑近な例で言えば、会社が倒産寸前の困った状況に陥ったとき、経営者にしろ役員、社員にしろ、**一番頼りになるのは無欲の人間**です。

「給料も何もいらない。自分はひたすらみんなのために会社を再建する」と言って、身を粉にして働く。そういう人が大欲で動く、信頼に足る人物なのです。
小欲を捨て、宇宙的観点にまでスケールアップさせた「大欲」に生きようではありませんか。

ここから私の人生は百八十度変わった

足《た》るを知《し》る者《もの》は富《と》む。（弁徳第三十三）

超訳

強欲な人間は、どれほど**物質的**に**恵**まれようとも**満足**するところを**知**らない。**心**が**貧**しいのだ。「**生**きてるだけで**百点**！」と、**現状**に**満足**することこそが、**本当**に**豊**かな**人生**を**生**きることである。

私は、この言葉に本当に救われました。
その経験談を一つ、ご紹介しましょう。
いま振り返ると、四十代までの私は非常に強欲でした。自分が経営する会社の事業をもっと拡大しよう、業績をどんどん上げていこう、暮らしをもっと裕福にしようと、そんな欲にまみれて突っ走っていたのです。

たとえるなら、金鉱を見つけて、

「全部、俺のものだよ。誰も触るな」

と言って縄をかけて独り占めするようなものです。たしかに、最初のうちはそれでうまくいってはいたのですが、しだいに翳《かげ》りが見えてきました。

それも、単に仕事がうまくいかないというような生易しい悩みではありません。いつの間にか、周囲から完全に孤立してしまっている自分に気づいて、私は愕然《がくぜん》としたのです。

強欲な人間に、本当に心を許せる友人などできるわけがありませんし、何かのときに協力してくれる人もいません。

欲に走ると、そういうつらい状況に、自分をどんどん追い込んでいくことになるのです。

たとえば、新宿の雑踏の中などにいると、不意に、

「世の中にはこんなにも人が大勢いるのに、自分だけがひとりぼっちだ。何ていう生

き方をしてきたんだ」

という暗澹《あんたん》たる思いに囚われるのです。これは、本当につらいことです。

それで、腹の底から「自分を変えなければいけない」と思いました。そのとき、**生き方のキーワードとして選んだのが、老子のこの言葉、「足るを知る者は富む」だったのです。**欲の限りを尽くしてきたわが人生を百八十度変えるには、これしかない。そう思ったわけです。

もちろん、ずっと前から知っている言葉ではありましたが、それは頭で理解していただけでした。このとき、ようやく実感をともなって、私の中で生きた言葉になったという感じでしょうか。

この気持ちを忘れまいと、愛犬にトムと名づけ、彼の名を呼ぶたびに、「足るを知る者は富む」という言葉を思い出すようにしました。

以来、何千回、何万回と、この言葉を繰り返し胸に刻むうちに、どんなときでも、心の底から、

「足るを知る者は富む、だよ。生きてるだけで百点！　おかげでこんなかわいい犬にも会えたじゃないか。ほかに望むことは何もない」

と思えるようになりました。

すると、不思議なことに、本当に百八十度人生が変わりました。

まず、私に協力してくださる方がたくさん現れました。そして、たとえば夢のまた夢だと思っていた「自分の教室を持つ」という夢を、それからわずか十年で達成することができたのです。

そういった体験から言えるのは、若いうちは強欲でもいい、ということ。むしろ、徹底して欲のままに行動してください。そのほうが、年を重ねてから、強欲のむなしさを、より身に沁みて感じられます。

ただし、欲に突っ走っている途上、どこかで強欲から無欲に転換すること。中途半端な欲をいつまでもズルズルと引きずっていると、最後まで欲に操られる人生で終わってしまいます。

だから、若いみなさんはいますぐ無欲になろうなどと、無理をしなくてもけっこう。折に触れて、「足るを知る者は富む。生きてるだけで百点!」と、呪文のように唱えてみてください。

ある時期に、それがガラリと無欲に転じるための、良い助走になってくれると思います。

それがいつになるかは人それぞれですが、「足るを知る者は富む」という言葉が単なるお題目ではなく腹にストンと落ちたとき、間違いなく愉快な人生が開けます。

「六十歳以降は本当に愉快、愉快の人生だよ」

そう明言する私が言うのですから、これは本当に信じていただきたい。心からそう願っています。

4章

「生活の基本を見直す」老子の教え

――最後に勝つのは、絶対に「バランスを崩さない人」

いいときも、悪いときも「変わらない」

高《たか》き者《もの》は之《これ》を抑《おさ》え、下《ひく》き者《もの》は之《これ》を挙《あ》ぐ。
余《あまり》有《あ》る者《もの》は之《これ》を損《へら》し、
足《た》らざる者《もの》は之《これ》に与《あた》う。（天道第七十七）

超訳

「道」の前には万物が平等である。だから、「道」はこの世を平らにするよう作用する。やりすぎればへこまされるし、どん底に落ちれば引き上げてくれる。そこを理解したうえで、「道」に調和を取られる前に、自分で偏《かたよ》りをなくすよう努めなさい。

ちょっと、ボールを前に投げるかっこうをしてみてください。
おや？　いま、腕を後ろに引きましたね。私は前に投げてと言ったのに、どうして後ろに引くんですか？……って、当たり前ですね。腕を後ろに引いて力をためなければ、ボールは前に飛んでいきませんから。

ここでは、「道」は常に、そういう逆の力を働かせて、世の中のバランスを保っていることを言っているのです。

「出る杭は打たれる」という言葉があるように、能力と運に恵まれてぐんぐん頭角を現していっても、調子に乗ってやりすぎると、「道」にコツンとへこまされる。それは「図に乗ってるんじゃないよ。もっと謙虚になりたまえ」という〝お仕置き〟でもあるのです。逆に、不遇続きでどん底に落ちてしまったようなときは、「道」が浮上できるよう手助けをしてくれます。

しかし、「道」が偏りを正してくれるのなら、それに任せておけばいい、というのはちょっと違います。できれば、転落は避けたいでしょう?

大事なのは、「道」のこういう働きを理解して、自分から偏りを正して調和を取るよう心がけることです。**とりわけ上り調子のときは、謙虚になることが重要です。**

企業でよくあるのは、「大幅な増収増益を達成。よし、ハワイへ社員旅行だ!」というような、身内での大盤振る舞い。そんなことは逆に、うまくいかなかった年にやるべきです。

では、増収増益のときは何をしたらいいかと言うと、じきに「道」の働きで谷底に落とされることを予測して、利益をお客様に還元する。

たとえば、社長が自ら取引先を回って「感謝の気持ちです」と、ちょっとした贈り物をするとか、お店で謝恩割引を実施するといったことです。あるいは、研究開発や設備に思いきった投資をして、より良い商品・サービスの提供に、エネルギーを傾注するのも良いでしょう。

また、個人の人生においては、好調だからといって有頂天にならず、自分が一番つらく苦しかった、でも夢に向かって踏ん張っていたときの状況に立ち返ることです。そうすれば、慢心することがなくなり、転落の一途をたどる危険を未然に防ぐことができます。

言い換えればそれは、自分自身の原点を忘れないこと。何をやってもうまくいかないときでも、自分はダメ人間だと落ち込まなくてすみます。

なぜなら、誰もが原点に立ち返れば、「自分にはもともと地位も財産も何もなかった。あるのは夢だけだったじゃないか」と思い出すはずです。世をすねたり、不平・不満の塊になったりすることはなくなります。

自分がどんな状況にあっても、謙虚な気持ちで自らの心の調和を図る。

そういう姿勢が、この世を平らにするように作用する「道」のありようを自己のありようとすることでもあるのです。

いま、大事なのは「人間らしい生き方」をすること

正《せい》を以《もっ》て国《くに》を治《おさ》め、奇《き》を以《もっ》て兵《へい》を用《もち》い、無事《ぶじ》を以《もっ》て天下《てんか》を取《と》る。（淳風第五十七）

超訳

最先端の技術ほど困ったものはない。先の震災を思い起こしてみよ。ライフラインが止まった瞬間に、放射能による汚染が広がり始めた瞬間に、人々の暮らしがひどく脅かされたではないか。文明にすっかり頼り切らずに、自力で暮らしていけるだけのもの、自然とともに生きる「人間の心」は残しておかなければならない。

老子というと、「ああ、自然崇拝ね。隠遁《いんとん》のすすめね」などと言う人がいます。一

見そんな印象を受けるかもしれませんが、それでは読みが浅すぎます。

自然崇拝も極まれば、人間は餓死するしかありません。だからこそ文明が生まれ、われわれはその恩恵に与《あずか》っているのです。

老子だって、文明そのものを否定しているわけではけっしてありません。要は、**バランスをとりなさい**、ということなのです。

とくに近年は、文明への依存度が高まっていて、そのバランスが大きく崩れています。

結果、どうなるか。人間の心と暮らしが文明に乗っ取られてしまいます。そのことへの警鐘として、「淳風第五十七」はあえて、先の震災を例にして超訳しました。

老子が言いたいのは、「文明に依存するのはほどほどにしなさいよ。人間らしい暮らしができる部分を、ちゃんと残しておきなさいよ」ということ。

たとえば、いつもは水道を便利に使っているけれど、水道が止まっちゃったら井戸を使えるようにしておく。停電になっても当面は大丈夫なように、さまざまな準備をしておく。そういうことが大事だと言っているのです。

その意味では、現代のＩＴ社会は、文明の極みと言えます。だから、非常に怖いものがあります。

たしかに、ネットやメールは便利です。いつでも、どこにいても、仕事の連絡や情報の収集ならびにやり取りが一瞬にしてできますから、それがなかったころより格段に効率的に仕事を進めることができるようになりました。

しかし、その反面、仕事が減るどころか増える一方ではありませんか？　四六時中、仕事に追いかけられる感じで、心が休まる暇もないのではありませんか？　あるいは、人間がやっていた仕事がことごとくコンピュータに奪われ、失業者の増加に歯止めがかからなくなる可能性もあります。

また、すべてのデータをパソコンで管理していて、大丈夫なのでしょうか？　一度システムがダウンしたら、それを回復するのは至難のわざ。銀行や交通機関をはじめすべての企業が機能不全に陥り、社会の秩序が乱れに乱れます。想像しただけで、ぞっとしますよね。

こういったことに象徴されるように、文明は人の仕事や暮らしを便利にするけれど、一つ進歩するたびに人間から人間らしい暮らしや心をどんどん奪っていく。そこは認識しておかなくてはいけません。

そして、ときにはケータイやPCから離れ、電気もガスも水道もないような田舎で数日を過ごしてはどうでしょう? 少なくとも、文明に侵食されっぱなしの暮らしに風穴を開けることはできるはずです。文明社会でバランスを取って生きるには、人間の暮らしと心を取り戻すには、非常に良い試みだと思います。

老子流「損して得を取る」考え方、生き方

道《みち》一《いち》を生《しょう》じ、一《いち》二《に》を生《しょう》じ、二《に》三《さん》を生《しょう》じ、三《さん》万物《ばんぶつ》を生《しょう》ず。万物《ばんぶつ》陰《いん》を負《お》いて陽《よう》を抱《いだ》き、冲気《ちゅうき》以《もっ》て和《わ》を為《な》す。(道化第四十二)

超訳

完璧なものは相矛盾する陰陽二つの要素を、矛盾なく内包している。「陰を取るか、陽を取るか」ではなく「陰も陽も両方取る」と考え、没頭没我して物事に取り組みなさい。そうすれば、矛盾を乗り越えることができる。

物事にも、人の性格や能力にも、何でも相反する二つの要素があります。いわゆる

「陰陽論」ですね。

中国古典思想では、内へ内へと入ってくる受動的な性質を「陰」、外へ外へと拡大していく働きを「陽」としています。そして、その「陰」と「陽」が和されている状態を完璧としています。

たとえば、ゴルフの完璧なスイングがそうです。肩の力を抜き、心身ともにリラックスして立ち、スイングを始めると同時に緊張感を高めていき、インパクトの瞬間に力を入れて、パーンと打つ。こうしてリラックスと緊張を和すことによって、完璧なスイングができるのです。

また、ビールのスーパードライがあそこまでヒットしたのは、「コクがあるのにキレがある」という、相矛盾する要素を見事に融合させたからです。

ほかにも、難解だけれど読みやすい本はベストセラーになるし、高機能だけれど価格が安い商品とか、廃材を利用しているけれど最先端設備を備えた家、コンパクトだけれど膨大なデータが収納できる機器など、ヒット商品は、たいていが相矛盾する要素を両立させたものです。

そう考えると、ビジネスでも何でも、「陰」か「陽」かの二者択一で悩むのはナンセンス。両方取って、融合させるのがベストなやり方です。

では、どうすれば「陰」と「陽」を和すことができるのか。

老子はこれを「沖気《ちゅうき》」という言葉で表しています。

その意味するところは「没頭没我」。何もかも忘れて、我をも忘れて、物事に一生懸命取り組むことです。

試しに、新しい技術や商品、サービスなどを開発した人に、「あなたは、どうやってそれを生み出すことができたのですか?」と聞いてごらんなさい。

彼らはきっと、判で押したように、「我を忘れて開発に取り組んだ」と言うでしょう。数日どころか数カ月、数年、場合によっては何十年と、没頭没我の時間があるものです。

つまり、物事に取り組むときの没頭没我の境地が、陰陽という相対立する、矛盾に満ちた状態のものを和して新しいものを創造するわけです。

また、これに続くくだりに、次の文章があります。

物《もの》或《つね》に之《これ》を損《そん》して益《えき》し、或《つね》に之《これ》を益《えき》して損《そん》す。

これは、ビジネスでよく言われる**「損して得を取れ」**ということです。目先の利益のために、大きな利益を逃す場合が往々にしてある。逆に、少し損をしても、そのおかげで後々大きな利益を手にすることもある。そこをよく考えなさいよ、ということです。

たとえば、新商品を発売するときにタダで試供品を配ったり、新しい施設をオープンしたときに無料利用券を進呈したりしますよね？

あれは「損して得を取れ」の典型例。老子の教えが、いまのビジネスに生かされている、という見方ができます。

みなさんもこのくだりを「現在のビジネスに役立つ知恵」と読み、大いに活用してください。

平穏無事なときこそ有事への備えを

其《そ》の安《やす》きは持《じ》し易《やす》く、其《そ》の未《いま》だ兆《きざ》さざるは謀《はか》り易《やす》し。
其《そ》の脆《もろ》きは破《やぶ》り易《やす》く、其《そ》の微《び》なるは散《さん》じ易《やす》し。
之《これ》を未《いま》だ有《あ》らざるに為《おさ》め、之《これ》を未《いま》だ乱《みだ》れざるに治《おさ》む。（守微第六十四）

超訳

何事も起こらず、困ったこと、イヤなこともないとき、ただ安穏と暮らしを楽しんでいてはいけない。そういうときこそ、何か起きるかもしれない未来を予測し、危険に対する備えをしておくことが必要だ。

「日々是好日《にちにちこれこうじつ》」と過ごしていると、〝平和ボケ〟と言いますか、気分がふやけてしまいがちです。そうなると、忍び寄る困難や危険の足音も聞こえず、気がついたときにはもう時すでに遅し。昔のお侍さんではないけれど、「すわ、一大事！」とあわてふためいたり、「青天の霹靂《へきれき》だっ！」とばかりにただただ驚くしかなかったり。簡単に困難にからめとられてしまいます。

しかし、本当は一大事も青天の霹靂もありえないのです。それを予知するだけの緊張感に欠けていただけのことです。

老子はだから、「平穏無事なときこそ、予測しうる危険に落ち着いて対処できるだけの備えをしておきなさい」と言っているのです。

たとえば、あなたは地震の備えをしていますか？　たいていの人はどこかで大きな地震が起きると、とたんに「水や食料を備蓄しておかなくちゃ。防災セットを肌身離さず持ち歩かなくちゃ」とあわてるでしょう。でも、すぐに忘れてしまうのです。何の根拠もなく、「地震が起きるとは限らないし、まぁいいか」という感じで。

また、両親が寝たきりになってしまうかもしれないことに備えて、ちゃんと手を打っていますか？　「いまは元気にしているから大丈夫」なんて、のんきすぎますよ。元気だからこそ、いまのうちに余裕を持っていろんなことを調べ、いざというときにすぐに役立つようにしておかなくてはいけません。

ビジネスだって、そうです。順調に進んでいるからといって、温泉につかってのんびりしている場合ではありません。どこかに落とし穴があることを想定して、早め早めに手を打っておく必要があります。そういうことも、大した問題がないときだからこそ、落ち着いてできるのです。

一事が万事、平穏無事のときこそ、緊張感をゆるめずに用心深く暮らす。

そうして「何が起きても大丈夫」なだけの備えができて初めて、泰然自若としていられるのです。

超訳

すべてのものには「二面性」がある

其《そ》の雄《ゆう》を知りて、其《そ》の雌《し》を守《まも》れば、天下《てんか》の谿《たに》となる。
天下《てんか》の谿《たに》となれば、常徳離《じょうとくはな》れずして、
嬰児《えいじ》に復帰《ふっき》す。（反朴第二十八）

剛強でありながら柔弱、というふうに対立する二つの要素をあわせ持つようにすれば、物事はうまくいく。自分の力をより向上させることもできる。何につけ、常に逆を考えて、偏りをなくすことが重要なのだ。

たとえば、強いと弱い、硬いと柔らかい、清いと汚い、喧噪と静寂、高いと低い、長所と短所、雄弁と寡黙、明るいと暗い……といった具合に、常に逆がある。だから、一方だけを見るのではなく、常に逆にあるものを認識する。そのうえで、自分の守るべきものを守っていくことが、自分を向上させることにつながる。そう老子は言っています。

一言で言えばこれは、**「老練を目指しなさい」**というメッセージです。

老練な人は多くの経験を積んでいるから、いろんな視点から物事を見ることができるし、何に対してもより柔軟に対応できる。それがベテランだよ、ということです。

私自身の例を一つ。

研修の講師を務めた当初、私はもともと人の前で話すのが恥ずかしいタチなもので、黒板ばかり見て話をしていました。受講生のほうを見るのが怖かったのです。

でも、生徒たちから「先生がどういう顔をしているのか、思い出せない」なんて感想が届いて、それではいけないと反省しました。黒板とは逆方向にも目をやらないと、講師にとって一番必要な「伝える」という役割が果たせません。

そこからがんばって、何とか講義をするときの〝向き〟は直すことができました。

そこで、とにかく生徒に向かって力強くしゃべり続けることを意識していたのです。

しかし、自分は熱っぽくしゃべっているつもりなのに、あんまり生徒にはそれが伝わらないのですね。

そこで、勉強のために、講演の大家と言われる人たちの講演を聞いて回ることにしました。結果、わかったのは、講演が上手な人には、共通するある特徴があるということ。それは、一方的にしゃべるのではなく、話の随所に「間」を設けている、ということでした。

つまり、講演がうまい人たちは、「しゃべる」のとは対極にある「沈黙」を、上手にバランスよく使いこなしていたのです。「これだっ！」と、私は目が覚めました。

講演というのはもちろん、「しゃべる」ことが仕事ですが、それだけでは足りない。まったく逆の「しゃべらずに黙っている」こともやらなければ、こちらの言葉が伝わらない、言葉に説得力がないのだと思い知りました。

そこから導き出した私の結論は、「講演やコンサルティングなど、相手を説得することが必要な仕事がうまくいく最大の秘訣は、しゃべらないことにある」ということです。

このように、**「逆を考える」**ことは、**実力向上に結びつく大事な発想**なのです。

「変わる前ぶれ」をいかにつかむか

之《これ》を歙《ちぢ》めんと将欲《しょうよく》せば、必《かなら》ず固《しば》らく之《これ》を張《は》る。
之《これ》を弱《よわ》めんと将欲《しょうよく》せば、必《かなら》ず固《しば》らく之《これ》を強《つよ》くす。
之《これ》を廃《はい》せんと将欲《しょうよく》せば、必《かなら》ず固《しば》らく之《これ》を興《おこ》す。
之《これ》を奪《うば》わんと将欲《しょうよく》せば、必《かなら》ず固《しば》らく之《これ》に与《あた》う。
是《これ》を微明《びめい》と謂《い》う。（微明第三十六）

超訳

いまの**状況**はまったく**逆**のことが**起**こる**予兆**でもある。もしいまが**好調**なら、やがて**不調**になる。いまが**幸福**なら、やがて**不幸**になる。そんなふうに**逆**を考え、その**前**ぶれをキャッチし、**準備万端**整えることが**大切**である。

前項と同様、ここでも、逆を考えることの大切さが述べられています。

「嵐の前の静けさ」とたとえられるように、変事が起きるときは決まって不気味なほどに静穏だということです。

別の言い方をすれば、「禍福《かふく》はあざなえる縄のごとし」「人間、万事塞翁が馬」。老子も「順化第五十八」では、こう言っています。

禍《わざわい》は福《ふく》の倚《よ》る所《ところ》、福《ふく》は禍《わざわい》の伏《ふく》す所《ところ》なり。

だいたい、**いいことと悪いことは交互にやってくる**と思ったほうがいい。

ところが、人というのは「いまの状況がずっと続く」と、つい思い込んでしまいがちです。

絶好調のときは、その好調が天井知らずに続くように思いますし、逆に、ひどい不調のときは、二度と浮上できないとまで思い詰めてしまうものです。

私自身の、会社経営をしていたときの、こんなエピソードをご紹介しましょう。自分の会社の顧客数がどんどん増えたとき、調子に乗った私は、依頼を全部引き受けて、さらなる事業拡大を目論《もくろ》みました。

でも、自分のキャパシティを超えてまで依頼を引き受けたことで、個々の顧客へのケアがおろそかになってしまったのでしょう。ある時点を境に、顧客数が一気に減少に転じたのです。

そこで、今度は顧客一社一社に対して、手厚いサービスをするようにしました。それでまた、顧客数が増え始めたのです。

もしあのとき、この言葉を肝に銘じていたら、業績の乱高下を招かずに、もっと安定的に会社経営を続けていくことができたでしょう。

そんな経験があって、私もようやく「逆の発想から前ぶれをキャッチする」ことの重要性に気づいたのです。

どんなときも「陰陽和して元と為す」で、拡大すれば縮小させる力が、縮小すれば拡大させる力が働く。

そう考えて、注意深く陽から陰へ、陰から陽へ転じる予兆をキャッチし、それに備えていく。それが「微明」、微妙なところがよくわかっている賢明な人なのです。

みなさんも、常に目の前で起こることを注意深く観察し、逆のことになる前ぶれをしっかり見極めるよう努めてください。

ほどほどに「上品」で、ほどほどに「下品」がいい

常無《じょうむ》は以《もつ》て其《そ》の妙《みょう》を観《み》んと欲《ほつ》し、
常有《じょうう》は以《もつ》て其《そ》の徼《きょう》を観《み》んと欲《ほつ》す。（體道第一）

超訳

生まれながらにして裕福な人は気品を備えているが、逆境に弱いところがある。一方、貧しさの中で育った人には雑草のようなたくましさはあるが、粗野なところがなかなか抜けない。いずれにせよ、生きづらいものだ。そこを自覚して、自分の足らざるを磨いていかなければならない。

この文章はこうも読めます。

常に無欲を以て其の妙を観、常に有欲を以てその徼を観る。

意訳すると、「この世には、山の頂上とか伊勢神宮のように霊気あふれる神妙なと

ころもあれば、新宿歌舞伎町のように猥雑《わいざつ》な場所もある。どちらの世界でも生きていける人間になりなさい」ということです。

これは、人間に必要な二面性——「気高さ」と「荒々しさ」を表しているようにも思えます。

たとえば、経営者には大ざっぱに言って、二つのタイプがあります。

一つは、父や祖父、あるいは先祖代々が財を成した裕福な家に生まれ育ち、家業である事業を継承したタイプ。いわゆる〝お坊ちゃん社長〟で、生まれながらに気品が備わっています。

ただ往々にして、ぬくぬくと育った分、逆境に弱いところがあります。そのために事業を傾かせる例が少なくありません。

もう一つのタイプは、貧乏のどん底から這《は》い上がって、自ら起業した叩き上げの経営者。どんな困難ももとのもせずに突き進むたくましさはあるものの、粗雑さが抜け切らない。悪く言えば、いささか下品なために、一流人の仲間入りを果たせずに終わる場合が多々あります。

両者に共通しているのは、人格に偏りがあること。人格のバランスがとれていないという部分では同じで、いずれも最終的にはうまくいかないのです。

本当の一流人というのは、そう称するにふさわしい気品がありながら、浮世離れしているわけではなく、ときに荒っぽいこともできる人のことです。わかりやすく言えば、**「ほどほどに上品で、ほどほどに下品な人こそが〝生き方上手〟になれる」**ということです。

この「ほどほどに」が難しいところですが、生まれながらにして豊かさを享受している人は少ないと思いますので、みなさんはこんなふうに考えてください。


若いうちはがむしゃらでもいい。貪欲に成功を求めて、突っ走る。

そうして、たとえば起業家なら上場を果たすとか、会社員なら管理職になるとか、当面の目標を達成したら、今度は自分の中の粗雑な部分をどんどんそぎ落としていくことに努める。

つまり、当面の目標を分岐点にして、そこから自分を磨くことを考える。

具体的には、古典に親しむとか、芸術の世界に遊ぶ、茶道・華道・書道など「道」

のつく趣味を持つ、テーマ性のある旅を楽しむなど、教養の幅が広がる豊かな時間を持つことがポイントになるでしょう。

私も若いころは仕事一辺倒でした。売り上げを伸ばそうと、次々と新しい仕事に挑戦するなかで、汲々としていたものです。

そのころ、毎日のようにランチに行っていた近所の食堂で、決まって見かける、見るからに上品な初老の紳士がいました。

彼は、店が混み出す昼食時間の手前、十一時半くらいに蝶ネクタイを締めてやってきて、赤ワイン片手にチーズをつまんでいたものです。彼の周りだけ、何とも優雅な時間が流れているようでした。

彼を見ては、「私は何と粗雑な暮らしをしているんだろう。彼のように豊かに時を過ごすことを心がけなくては」と反省したことを覚えています。

若いみなさんはまだがむしゃらな時代の渦中にあると思いますが、これから少しずつ、自分を磨くことにも精を出してください。

「仕事欲」は大きく、「物欲」は小さく

是《ここ》を以《もつ》て聖人《せいじん》の治《おさ》むるや、其《そ》の心《こころ》を虚《むな》しくして、其《そ》の腹《はら》を実《みた》し、
其《そ》の志《こころざし》を弱《よわ》くして、其《そ》の骨《ほね》を強《つよ》くし、
常《つね》に民《たみ》をして無《む》知《ち》無《む》欲《よく》ならしめ、夫《か》の智者《ちしゃ》をして敢《あえ》て為《な》さざらしむ。
無為《むい》を為《な》せば、則《すなわ》ち治《おさ》まらざる無《な》し。(安民第三)

超訳

金銭欲や物欲はできるだけ小さくして、その分、仕事に対する意欲を大きく持つ。それが、実のある人生を生きるということだ。


金銭欲や物欲は、放っておくと、どんどん大きくなります。

困るのは、その欲を満たすことが人生の目的になってしまうことです。

そうすると、見栄を張ってでも贅沢で派手な暮らしをしようとしたり、外聞を気にして〝見てくれ〟を整えたりすることばかり考えて、肝腎要の中身を磨くことがおろそかになります。

それに、金銭欲・物欲に囚われると、心はなかなか満たされません。どこまでいっても自分より裕福な人がいるわけで、「もっとお金が欲しいなぁ。もっと高価なものを買いたいなぁ」といった思いがなくならないのです。

いずれにせよ、金銭欲・物欲が大きいと、心がくだらない悩みに支配されるので、言い方は悪いけれど「中身のない人間」に堕してしまうのです。

私の見立てでは、現代人のほとんどが外面的な豊かさのためエネルギーの七割を使っていて、中身を磨くことにかけるのは残り三割くらいのような気がします。

そんなふうでは心のバランスが非常によろしくない。逆転させなければいけません。せめて、**自分の中身を磨くことに六割、外面的な豊かさのために四割のエネルギーを使うように心がけてください。**

そのくらいのバランスで自分の中身を充実させることを考えられれば、仕事への意欲が高まり、結果的にいい仕事をして経済状態も上向くはずです。

また、金銭欲・物欲に加えて、パフォーマンスに走りすぎるのも感心しません。「ここでちょっといいところを見せてやろう」などと思うこと自体が、自分にそこまでの実力が備わっていないことの証拠でもあるのです。口ほどにもない、軽々しい人間であることはすぐにバレるでしょう。

いまは自分をアピールすることが重視されがちですが、**本当に評価されるべきは、目に見えないところで黙々とがんばる〝縁の下の力持ち〟的な活躍をする人物**でしょう。

そういう人は自分の外側よりも内側の充実を図ることに一生懸命ですから、自分からアピールしなくとも、そのすばらしさは自ずと伝わるものです。

逆説的な言い方になりますが、パフォーマンスをしないことが一番のパフォーマンスなのです。

いいことも悪いことも「小さな芽」から

無為《むい》を為《な》し、無事《ぶじ》を事《こと》とし、無味《むみ》を味《あじ》わう。
小《しょう》を大《だい》とし少《しょう》を多《た》とし、怨《うらみ》に報《むく》ゆるに徳《とく》を以《もっ》てす。
難《なん》を其《そ》の易《やす》きに図《はか》り、大《だい》を其《そ》の細《さい》に為《おさ》む。
天下《てんか》の難事《なんじ》は、必《かなら》ず易《やす》きより作《おこ》り、

天下《てんか》の大事《だいじ》は、必《かなら》ず細《さい》より作《おこ》る。
是《こ》を以《もっ》て聖人《せいじん》は終《つい》に大《だい》を為《な》さず。
故《ゆえ》に能《よ》く其《そ》の大《だい》を成《な》す。(恩始第六十三)

超訳

物事には必ず「芽」がある。大事・難事も最初はごく小さな問題だし、対応も易しい。大きな幸運は一朝一夕に得られるものではなく、初めは小さな芽である。どんな物事も早いうちに対処すれば、悪い芽は摘み取られ、いい芽は育てることができる。結果、周囲には「あの人は何も大したことはしていないのに、大きな事を成し遂げたね」というふうに映るのだ。

前に「ふつうが一番」というお話をしました。ここでも老子は、前半に「無為を為し……」とあるように、何も問題が起きないのが一番だとしています。

ただ、たいていの人はそんな人生は想像しにくいものです。むしろ、「少しくらい問題があったほうが、困難なことがあったほうが、人生はおもしろいじゃないか。何より、現状を打破していくところにやりがい・生きがいを感じるのが人生でしょ」と思う人が多いかもしれません。

しかし、そんなに表面的に捉えてはいけません。老子は、**大事・難事が「起きない」ことを良しとしているのではなく、「起こらないようにする」ことが大切**だと言っているのです。

どういうことか。

よく考えてみてください。どんな大事も難事も、ある日突然、降って湧くものでしょうか。そんなことはありえないでしょう。必ず、その「芽」があったはずです。それを見逃してはいけない、ということなんです。

つまり、ここで言っている「無為・無事・無味」とは、何もしないことではなく、緊張感をもって現状を見守ること。問題が小さいうちに、あるいは対応が易しいうちに、いち早く見つけて対処しておくことを意味するのです。

そうやって、問題の芽を摘み取っておけば、大きな問題になることはありません。だから、何も問題が起きない人生を手にすることができるのです。

言い換えれば、「日常的に頻発する小さな問題を大事・難事に発展させなかった結果、得られるのが何も問題のない人生」だということです。

しかも、人生の行く手を阻む問題の芽をことごとく摘み取っていると、事がスムーズに運びます。問題に対処する時間と手間が大幅に減るので、常にゆったりと落ち着いて事に当たることもできます。

だから、**「無為」に徹する人は結果的に、難なく大きなことをやってのける**のです。

わが身を振り返ってみてください。いま手を打てば簡単に解決できる問題を放置したせいで、やがて大事・難事になって大変な苦労を強いられることが多いのではありませんか？

ちょっと厳しい言い方をしますが、問題を大きく、難しくしてしまうのは、自分自身の怠慢でしかないのです。自戒してください。

また、人生の随所で顔を出す「芽」の中には、大きく育てたい、いい芽もあります。

物事は何でも育つので放っておいてもいい芽は育つのですが、植物も手をかけてあげたほうがよく育つように、人生のいい芽にもある程度のケアが必要です。

たとえば、人との縁。初めて会って「いい人だな」とか「また会って、いろんな話を聞きたいな」と思ったのなら、すぐに葉書の一枚でも出しておく。いまなら簡単にメールでもいいでしょう。その後も事あるごとにメールや手紙を送ると、なおいい。

いずれにせよ、「すぐにリアクションする」ことがポイントです。

それで思い出すのは、ノムさんこと野村克也氏です。彼が生前、まだ現役のころに取材させていただいて、翌朝にはもう「先ほどはありがとうございました」という葉書が届きました。

取材後、彼は大阪方面に行くと言っていたので、どう考えたって、新幹線の中で葉書を書いたとしか思えない。常に葉書を持ち歩いていたのでしょう。その素早さに感動したことを覚えています。

もちろん、旧知の人でも、何かお世話になったときはお礼状とか、ちょっとした贈り物をすることも必要。これが、いい芽を育てることにつながります。

ともあれ、平穏無事な人生を送る鉄則は、「悪い芽は早いうちに摘み取り、いい芽は大切に育てる」こと。

自分でも気づかないうちに、大きな事を成すことができます。

常に「心身のバランス」を整えよ

営魄《えいはく》に載《の》り一《いつ》を抱《いだ》いて、能《よ》く離《はな》るること無《な》からん。気《き》を専《もっぱ》らにし柔《じゅう》を致《いた》して、能《よ》く嬰児《えいじ》たらん。(能為第十)

超訳

第一に、体の健康を保つことが大事。そうでなければ、**心の健康が乱される。**しかし、**心もまた健康でなければ、体に悪い影響を**およぼす。**体と心は一つと捉え、**バランスを整える。**それが健康の基本である。**

いまは世をあげての健康ブームです。健康でなければ、何をするにも気力がわかず、愉快な人生を送ることができなくなるので、それ自体は大変良いことです。

ただ、健康に気をつけるにしても、体と心のどちらかに偏っている人が多いように見受けます。それはいけません。

体と心は表裏一体。心身のバランスが整って、初めて健康を手に入れることができるのです。

体の健康のほうは、みなさん、気をつけるべき点を心得ているでしょう。栄養バランスのいい食事をするとか、食べすぎない、飲みすぎない、良質な睡眠をとる、適度な運動をする、といったことがあげられます。

残念ながら、「言うは易く、行なうは難し」で、現代人の多くはわざわざ健康を損ねるような生活をする傾向がありますが、そこは意を決して、健康を損なうとされている生活習慣はすべて、「ほどほど」を心がけてください。

問題は、心の健康のほう。無頓着な人が意外と多いのです。そのために心が病んで、心療内科などのお世話になる方が増えているという現実もあります。

では、心の健康を乱すものは何か。

一つあげなさいと言われれば、必要以上に欲に振り回されていることでしょう。出世したい、成果をあげたい、お金を儲けたい、人から良く見られたい……そんな欲で、心身ががんじがらめになっているのです。

なぜそれが心の健康を損なうかと言うと、心身を固くしてしまうからです。そうなると、頑固になるし、頭も固くなる。物事を柔軟に考えて対処することができなくなり、いろんな問題が生じて、悩みも増えるわけです。

老子が「気を入れて、赤ん坊のように柔軟になれ」と言っているのは、まさにそのことを指摘しているのです。

「気を入れなさい」と言われると、体に力が入って、カチカチになってしまう人が多いのですが、そんなふうに固くなると気は入りません。

逆なのです。力を抜いて体も心もふにゃふにゃにする一方で、気は抜かない。

何事も、適度な緊張感を持ちながら、リラックスして臨まなければうまくいかないのと同じこと。

最初は難しいと感じるかもしれませんが、実際はそうでもありません。**無用な欲から離れ、「なるようになるさ」くらいに、気楽に構えていればいい**のです。

赤ん坊を見てごらんなさい。生気にあふれているのに、心身はとても柔軟でしょう？　何の欲もなく、あるがままに生きているからです。そこを見習ってください。

5章

「器の大きな人になる」老子の教え

──「大物になる人」「小物で終わる人」の分岐点

「大物」たれ

孔徳《こうとく》の容《よう》は、惟道《ただみち》に是《こ》れ従《したが》う。道《みち》の物《もの》たる、唯恍唯忽《ただこうただこつ》。（虚心第二十一）

超訳

徳のある人物は、ひたすら「道」に従っている。一見ボーッとしていて、捉えどころがないようだが、それは意識が常に自分の信じるところ、言い換えれば専門分野で事を成し遂げようということに集中しているからだ。大物とは茫洋とした人物なのである。

私はこれまで何度か、世に「大物」と称される人物にお会いする機会がありました。その経験から、彼らに共通することを一つ、発見しました。

「何かボーッとしていて、よくわからない人だけど、なぜだかこちらの問いかけにはスパッと切れ味のいい言葉が返ってくる。大物ってそういうものなのかなぁ」

それにしてもなぜ、大物はボーッとしているように見えるのでしょうか。

一つは、心が柔らかく、広いからです。無限宇宙に向かっているというか、俗世間を超越したところに心を広げているのです。

これは、逆を考えるとよくわかります。

私はコンサルタントという職業柄、これまでに何百人、ひょっとすると千人を超える人たちのさまざまな相談を受けてきました。そして、彼らを見ているうちに、ある共通点を発見したのです。

それは、悩みを抱えている人はみんな、「頭も心も体もガチガチに固まっている」ということです。もう、目の前のことしか見えていない。だから、ボーッとしている余裕もないわけです。こう言っては何ですが、それは小人物の典型でしょう。

そこから脱する一つの方法として、私はこう提言しています。

「たまには広大な空でも見上げて、心を大きく広げたらどうですか？　そうして三回、大きな声で『生きてるだけで百点！』と叫んでごらんなさい」

やってみるとわかりますが、心がワーッと広がっていく感覚が得られると思います。

それは、**「道」と自分が一体化する瞬間**でもあるのです。

大物がボーッとしているように見えるもう一つの理由は、仕事でも何でも、自分のやりたいこと、やるべきことで頭がいっぱいだからです。始終、そのことを考えているために、周囲の目には「心、ここにあらず」というふうに映るわけです。

たとえば、社会や組織の変革家（イノベーター）もそう。

私も昔、企業の変革指導の仕事をやっていたのですが、一口に会社を変えると言っても、何を残して何を加えるかということから、何を強みとし、何を魅力とするかということまで、その会社のＣＩ（コーポレート・アイデンティティ）から割り出していきます。構想のための資料集めから、設計の基本コンセプトを考えるまででも、軽く半年はかかります。

ですから、私たちは常にどう変革するかを考えていて、ふだんはボーッとしているように見えるというわけです。

変革への集中度が高ければ高いほど、反比例するように、〝ボーッとしている度〟も高くなる。そういう人が、大物になるのです。

「せっかくこの世に生まれてきたんだから、大物を目指したらどうだい？」

それが、老子の声なき声でもあるのです。

「疑い深く、用心深い」のが大物になる条件

古《いにしえ》の善《よ》く士《し》たる者《もの》は、微妙玄通《びみょうげんつう》、深《ふか》くして識《し》る可《べ》からず。故《ゆえ》に強《し》いて之《これ》が容《かたち》を為《な》せば、予《よ》として冬川《ふゆかわ》を渉《わた》るが若《ごと》く、猶《ゆう》として四隣《しりん》を畏《おそ》るるが若《ごと》く……。（顕徳第十五）

超訳

立派なリーダーというのは人間が深く、一言で語れない。強いて言うなら、第一に疑い深く、用心深いことが求められる。脇の甘い人間はリーダー失格である。

すぐれたリーダー像と言うと、「先にどんな困難が待ち受けていようとも、それをものともせず、剛猛果敢に突き進んでいく」様子をイメージしませんか？

しかし、老子が描くリーダー像はまったく逆。冬の氷の張った川を、割れやしないかと確かめながらそろそろと渡るように、ビクビク、オドオドと進む人なのです。

何も「臆病になりなさい」と言っているわけではありません。**進む先には、必ず何**

か危険が待ち受けていると疑ってかかり、細心の注意を払って、用心深く事を進めていくことが重要だ、と説いているのです。つまり、リーダーにはそれだけの責任がある、ということですね。リーダーは組織と、そこに所属するみんなの命運の鍵を握っていますから、慎重のうえにも慎重に進んでいかなければいけないのです。

「まさかこんなところに落とし穴があったとは」「信じていたあの人が裏切るとは」

……こんな調子だと、すぐに組織もろとも谷底に落とされてしまいます。

キーワードは「予」と「猶」。事に臨む前に、あらかじめいろんな可能性を考え、すぐに判断してはいけない、ということです。

老子の説くこのリーダー像とまったく逆を行っているのが、近年よく問題になる「脇の甘いリーダー」たちでしょう。先のことを考えずに簡単にお金をもらったり、重大な事案なのに軽々しく考えて失言をしたり、良からぬことを考えている人たちに乗せられて不正を働いたり。こんなことでは、リーダー失格なのです。

ちなみに、これに続くくだりではリーダーの資質として、ピシッとしていて礼儀正しいこと、人間的な温かみにあふれていること、飾り気がなく朴訥《ぼくとつ》であること、人間的な深みがあること、などをあげています。

「どっしり重々しい人」に信頼も人望も集まる

重《じゅう》は軽《けい》の根《こん》たり。静《せい》は躁《そう》の君《きみ》たり。（中略）
奈何《いかん》ぞ万乗《ばんじょう》の主《しゅ》にして、身《み》を以《もっ》て天下《てんか》より軽《かる》しとするや。
軽《かる》ければ則《すなわ》ち臣《しん》を失《うしな》い、
躁《さわが》しければ則《すなわ》ち君《きみ》たるを失《うしな》う。（重徳第二十六）

超訳

リーダーの根本は、重々しさと冷静さにある。その根本を失い、軽挙妄動に走るようなリーダーは、リーダーとは言えない。


リーダーの行動一つで、すべてをぶち壊してしまうことはよくあります。

近年相次ぐ企業スキャンダルを見ても、それは明らかでしょう。

なかでも頻発しているのが、食品関連の問題ですね。産地を偽ったり、賞味期限・消費期限を改ざんしたり、法で規制されている成分をごまかして使ったり……。いざ事が露見すると、最初のうちは「自分は悪くない」などと開き直り、バッシングの嵐になってから頭を下げる、といった経営者が少なくありません。

そんなふうに、周囲の状況を見て、簡単に態度を変えたり、失言を繰り返したりするなど言語道断。リーダーとしての重さ、冷静さがなく、軽々しく、騒々しいのです。

そんなリーダーの末路は、火を見るより明らかです。みんな、信用を失墜させ、社員にも世間にもそっぽを向かれているではありませんか。

リーダーのあるべき姿は、その真逆です。常に冷静に状況を見極め、自分の言動がどういう波紋を呼ぶかを考えなければなりません。それだけリーダーの言動は重い、責任は重い、ということです。

では、リーダーに必要なこの重み、冷静さはどうすれば身につくのでしょうか。それは、日ごろからどっしりと腰を落ち着け、冷静沈着であるよう研鑽《けんさん》を重ねることに尽きます。「いざとなったら、できるさ」というのは、ほとんど通用しません。あわてると、人はどうしても素が出てしまうのです。**その素が、重みになっていなくてはいけない**のです。自分にはちょっと軽々しいところがあるな、周囲に影響されやすい傾向があるな、と思うなら、そこを自覚し、なくしていく努力をしてください。すでにリーダーである人も、未来のリーダーも、そこをきちんとやることが重要なのです。

組織の人間関係に「余計な愛情」など不要

天地不仁《てんちふじん》、万物《ばんぶつ》を以《もっ》て芻狗《すうく》と為《な》す。
聖人不《せいじんふ》仁《じん》、百姓《ひゃくせい》を以《もっ》て芻狗《すうく》と為《な》す。
天地《てんち》の間《かん》、其《そ》れ猶《な》お橐籥《たくやく》のごときか。
虚《きょ》にして屈《つ》きず、動《うご》いて愈々《いよいよ》出づ。
多言《たげん》は数々窮《しばしばきゅう》す。中《ちゅう》を守《まも》るに如《し》かず。（虚用第五）

超訳

天地には特別な愛情がない。万物一つひとつに対して何も思うところはなく、あるがままに見ているだけだ。余計な愛情はかけず、余計なことはしゃべらない。リーダーはそんな天地の無心をお手本にして、部下たちと虚心坦懐に接することが望まれる。

天地は愛情にあふれている。あなたは何となく、そう思ってはいませんでしたか？
しかし、老子は「天地には特別な愛情がない」と言っています。万物は祭礼用のわら犬のようなものである、と。

これは、どういう意味でしょうか。

日本風に言えば、ここで言うわら犬とは、言わば日本の正月のお飾りのようなもの。正月のお飾りは、正月の間だけ飾るもので、そのときはそれなりに尊重するけれど、七日が過ぎれば、もう用済み。あっさりと捨てられてしまいます。

つまり、天地は万物を役割でしか見ていない、ということです。

一見非情なようですが、そこがまた天地の偉大なところ。なぜなら、愛情を持った瞬間に、えこひいきが生じてしまうからです。

もし、あなたは天地に大事にされているが、私は嫌われているとなったら、私はもう絶望して生きていけないでしょう。だから、余計な愛情など持たないほうがいい。そういう、合理的な考え方です。

これは、リーダーの心構えにも通じるものです。

「部下を好き嫌いからえこひいきしたり、派閥をつくったりしてはいけないよ。仕事をするうえで、そんなことが重要かい？　余計なことだよ。部下のそれぞれが役割を果たしてくれることが大切なんだ。リーダーは虚心坦懐に部下と接しなさい」

老子はそう言っているのです。

こんなふうに心に何のわだかまりもなく、

「あなたは与えられた仕事を一生懸命やってくれれば、それでいいんですよ。評価するのはあなた自身なんですよ」

と、部下の自主性に任せるリーダーがすばらしいのです。

そういうリーダーの心をまた、老子は「ふいご」にたとえています。ふいごは中が空洞になっていて、取っ手を押したり引いたりして風を出すでしょう？　そこに何か詰まっていたら、ふいごは用をなしません。

それと同じで、人の心も空っぽであればこそ、部下を動かす力を発揮できるということです。さらに、この項の後段には、こんな一文があります。

多言は数々窮す。中を守るに如かず。

これは、最近頻発している、政界や実業界の大物たちの〝失言騒動〟を見るにつけ、「その通り！」と膝を打ちたくなるくらいの名言です。

だいたいリーダーが多弁になるのは、心に疚《やま》しいことがあるときです。それを隠そうとするから、余計なことをべらべらしゃべり、うっかり言ってはいけないことを言ってしまう。ダメなリーダーの典型でしょう。

虚心坦懐にして寡黙な人間こそが、立派なリーダーと言えるのです。

優れた人物ほど〝黒子〟に徹する

猶《ゆう》として其《そ》れ言《げん》を貴《たつと》べ。功成《こうな》り事遂《ことと》げて、百姓《ひゃくせい》皆我自《みなわれみずか》ら然《しか》りと謂《おも》えり。（淳風第十七）

超訳

リーダーにこれみよがしのパフォーマンスは**不要**だ。〝**黒子**〟に**徹**して、**下**の者がやる**気**になって**力**を**出**せるように**黙々**と**働**けばよい。**自**ずと**人心**がついてくる。

リーダーが一番目立つような組織はダメだ、と言うわけです。このくだりの冒頭に、

太上《たいじょう》は下之有《しもこれあ》るを知《し》るのみ。

とあるように、たとえば会社なら、社員たちから見て、「たしかにうちの社長は名リーダーのようだが、具体的に何をしてるんだか、まったくわからない」というような社長がすばらしい、ということです。

なぜでしょう？　これは、目立つリーダーを考えてみると、よくわかります。

もし、リーダーがこれみよがしに「オレはこんなすごい仕事をやってのけたんだぞ」などと言わんばかりの行動を取ったら、手柄はほぼすべてリーダーのもの、という空気が生まれます。そうすると、下の者はどんな反応をすると思いますか？

「すごいなぁ、うちのリーダーは。自分たちは何て無力なんだろう」

「リーダーにばかり大変な思いをさせて、申し訳ないなぁ」

といった気持ちになり、少なからず落ち込みますよね？　そんな無力感があると、下の者はやる気を失うし、いい仕事も生み出せないのです。

だから、リーダーが何をしているかは、見えないほうがいい。下の者一人ひとりが

「自分ががんばっていい仕事をし、組織の業績に貢献しよう」と思うようになれば、放っておいても会社の業績は上がるでしょう。

何より大切なリーダーの仕事は、組織を永続的に成長させていくこと。自分が目立ったところで、何もいいことはないのです。

そういう話をすると、決まってこんな反論が返ってきます。

「それはわかるけど、今度は下の者が増長するのではありませんか？」

下の者の増長は大いにけっこう。下の者が自分の実力を信じていれば、自信をもってどんどん仕事をするではありませんか。それこそ〝リーダーの思うツボ〟です。

老子はまた、リーダーをランク付けしています。

其《そ》の次《つぎ》は親《した》しみて之《これ》を誉《ほ》む。其《そ》の次《つぎ》は之《これ》を畏《おそ》れ、其《そ》の次《つぎ》は之《これ》を侮《あなど》る。信《まこと》足《た》らざればなり。

「下の者に親しまれ、誉れに思われるようなリーダーは、立派だと思うかもしれないけど、そうでもないよ。下の者はついわが身と比べて、『とてもああはなれない』と落胆したり、『ああでなくてはいけないんだな』とプレッシャーを感じたりするじゃないか。自由に伸び伸びと仕事をすることができなくなる恐れがあるんだよ。

それに、厳しすぎるリーダーは下の者を萎縮させるし、一方でリーダーが軽く見られるようでは組織がだらけるだけ」

そう、老子は言っているのです。このくだりを踏まえて、新しくトップに就任した人たちに、私はこうアドバイスしています。

「社員の見えないところで、懸命になって働いてくれよ。社員が業績を上げられるよう、その下工作をしたり、密かにトップセールスをやったり、とにかく〝黒子〟に徹しなさい。

結果、業績が上がったら、大いに社員を褒めるといい。社員たちは喜んで、ますますいい働きをするようになるからね」

さらに言えば、**トップに就任した最初の三年が非常に重要**なんです。

ここで株主をはじめ世間一般に「あの会社はすごいな」という印象を植えつけておけば、トップに対する信頼感が高まるからです。それだけで、先々の仕事がグッとやりやすくなるのです。

マー君こと田中将大《まさひろ》投手は、二〇二一年に日本球界に復帰しましたが、メジャーリーグに移籍したとき、一年目から大変な活躍を見せました。しかし、驕ることなく、「支えてくれるみなさんのおかげです」と謙虚さを忘れませんでした。監督以下チームの面々はすぐに、彼に絶対的信頼を置きました。

彼が、いいお手本。「最初はダメで、だんだん良くなる」より、「最初からすごい成績を収めて、周囲に有無を言わせない」ことも、また大事なのです。

超訳

これが「究極の人心掌握術」

善《よ》く人《ひと》を用《もち》うる者《もの》は下《くだ》ることを為《な》す。是《これ》を不争《ふじょう》の徳《とく》と謂《い》い、是《これ》を人《ひと》を用《もち》うるの力《ちから》と謂《い》い、是《これ》を天《てん》に配《はい》すと謂《い》う。（配天第六十八）

リーダーだからといって、いかにも強そうに見せるのは愚の骨頂だ。下手に出て、相手の闘争心を挫《くじ》くのがいい。

とくにリーダーになりたてのころは、「なめられてはいけない」と虚勢を張りたくなるものです。

その気持ちはわかりますが、下の者にとって〝リーダー風〟を吹かされるほどイヤなことはありません。そんなリーダーは周囲の反発を食らうだけなのです。

本当に実力のあるリーダーは、そもそもリーダーらしくふるまう必要がありません。そんなことにエネルギーを注ぐよりも、自分が下手に出てみんなに気持ちよく働いてもらうために心を砕くことのほうに、リーダーの本質があるということがわかっている。だから逆に、無能なふりができるのです。

たとえば、仕事の指示一つ出すにしても、「これをやれ。今日中だよ、今日中！」などと高圧的に命じてはダメ。下の者は、心の中で「無理だよ。できるもんか」と反発し、真剣に取り組みません。

そこを、「君はこういう仕事がうまいよね。かなわないよ。今日中にやってくれると嬉しいな」と下手に出る。すると、下の者も刃向かおうなんて気持ちが挫かれ、「しょうがないなぁ。そこまで見込まれたのなら、がんばるか」という気になります。

どちらがリーダーとしての力量が上かは、論じるまでもないでしょう。上司・部下の関係だけではなく、競合相手でも何でも、とにかく**「相手に対して下手に出て、闘争心を挫いたうえで、褒めてやる気にさせる」**のが、リーダーに必要な「不争の徳」なのです。次の項、「玄用第六十九」でも「自分で主導的に物事を進めようなんて思うなよ」というようなことを言っています。

吾《われ》敢《あえ》て主《しゅ》と為《な》らずして客《きゃく》と為《な》り、敢《あえ》て寸《すん》を進《すす》まずして尺《しゃく》を退《しりぞ》く。

これも、老子流の逆説的な言い方。相手が自分より弱くても見くびらずに、自分のほうが一歩も二歩も退くことで主導権を握る、という戦法です。

腰が退けた相手に、一体、誰が戦いを挑むでしょうか?

相手としては、戦いを仕掛けたつもりなのに、向こうは「受けて立つぞ」とならず、「いやあ、あなたのおっしゃる通り」なんて言われてしまうわけです。闘争心が挫かれ、結局は「かなわないなぁ、あなたには」となります。そうすれば、あとはこちらの思うツボ。争わずに、好きに事を進めていくことができます。

もとより、自分の力で相手を変えようと思うなど、不遜《ふそん》なこと。とりあえず相手に合わせることで争いを避けておいたほうが、自分の思い通りになる範囲が広がること を覚えておいてください。ノーガードの相手ほど、戦いやすい相手はない。これは、リーダーのみならず、すべての人に共通の人間関係の要諦とも言えるでしょう。

超訳

イザというときに、腹をくくれるか?

道《みち》は万物《ばんぶつ》の奥《おく》にありて、善人《ぜんにん》の宝《たから》、
不善人《ふぜんにん》の保《やす》んぜらるる所《ところ》なり。(為道第六十二)

世の中の善・不善をわきまえることも大切だが、「不善の善」というものもある。生涯に一度くらいは宇宙的観点から善と判断したなら、それが多くの人の命を救うことにつながる行動なら、世の中で不善とされることをしてもいい。

善人であろうが、不善人であろうが、「道」から生まれたという点では同じである。そこから老子は、「善くない人だって『道』は見捨てない」と、「道」がすべてを受け入れる寛大にして貴いものだと説いています。

ただ、この論の危険なところは、「だったら、何も善人である必要はないじゃないか」と短絡的に考えてしまうこと。

そうではなくて、「道」のありようから遠いところにあるような行動はしない、それが基本です。

ここで老子が一番言いたいのは、世俗的な視点で不善とされることでも、もっと大きな宇宙的視点で見れば善である場合もある、ということでしょう。

たとえば、杉原千畝《ちうね》という人物をご存じでしょうか。一九〇〇年生まれの日本の外交官です。

第二次大戦中、リトアニアのカウナス領事館に赴任していた彼は、ナチス・ドイツの迫害から逃れようとポーランドをはじめとするヨーロッパ各地から逃れてきた、およそ六千人に上る避難民を救ったことで知られています。外務省からの訓令に反して、人道的見地から大量のビザを発給したのです。

表面的に見れば、杉原千畝のやったことは訓令違反という不善です。

でも、あえてその不善をなしたことで、いまでは海外に銅像が建てられたほど、立派な人と崇められています。

一生に一度くらいは、こういう不善、いわゆる超法規的措置に踏み切ってもいい。そう読むといいでしょう。

そんなスケールの大きな話、自分には関係ないと思うかもしれませんが、リーダーには超法規的措置を取れるだけの力が与えられています。

「いまがそれを行使するときだ」という瞬間が、あなたの人生にないとは言いきれないでしょう。

まぁ、生涯に一度あるかないかでしょうけれど、そのときに世の中の枠組みに囚われない勇断ができるのが、リーダーの資質でもあるのです。

「生涯に一回こっきりの権利行使」と思えば、腹もすわるというものです。

老子が説いた「理想的な国家」に学ぶ

小国寡民《しょうこくかみん》。人《ひと》に什伯《じゅうはく》するの器《き》有《あ》るも用《もち》いざらしむ。
民《たみ》をして死《し》を重《おも》んじて遠《とお》く徒《うつ》らざらしむ。
舟輿《しゅうよ》有《あ》りと雖《いえど》も、之《これ》に乗《の》る所無《ところな》し。
甲兵《こうへい》有《あ》りと雖《いえど》も、之《これ》を陳《ちん》ずる所無《ところな》し。（独立第八十）

超訳

リーダーは組織を大きくするばかりが能ではない。むしろ規模は小さいほうがいいし、文明の利器に頼る必要もない。社員の一人ひとりが現状に満足して、より良い人生を歩めるようサポートしてあげることが何より大切なのだ。

老子が理想の国家について語ったこの部分は、リーダーの組織づくりとして読むと、なかなか味わい深いものがあります。

第一に、老子は「規模を大きくしようと思うな」としています。拡大を狙えば、必ず争いが起きますからね。

でも、何もしないで争いが避けられるわけではありません。争わなくてもいいような状況をつくっておく必要があります。

国ならば、**「自給自足の態勢を整えておく」**こと。そうすれば、他国と往来することもないので、船や車は不要だし、穀物を奪い合う争いも起きないから、武器も何の役にも立たない。そんな文明の利器に頼らずとも、人々は平穏無事な人生を送れるというわけです。

これを企業に当てはめると、「自給自足」は他社の追随を許さない、誰にもマネできないオンリーワンの商品・サービスを持つことを意味します。

また、船や車、武器などの文明の利器が不要だということを、いまの時代に当てはめて超訳すると、こうなります。

「近所に行くにも車を使うようでは、足腰が弱くなるよ。もっと足を使って歩いたほうが、みんながもっと健康になるじゃないか。

あと、ケータイやネットを多用するのも考えものだね。社員の自由を奪い、追い詰めることになるよ。

機械相手ではコミュニケーション能力だって育たないし、膨大なデータを詰め込んでも社員は頭でっかちになるばかり。柔軟な発想から新しいものを創造していくこともできないよ。

そんなふうでは組織はダメになる。リーダー失格だね」

このくだりに続けて、老子は理想国家に暮らす民のことを次のように語っています。

民《たみ》をして復《また》結縄《けつじょう》して之《これ》を用《もち》いしむ。其《そ》の食《しょく》を甘《あま》しとし、其《そ》の服《ふく》を美《び》とし、其《そ》の居《きょ》に安《やす》んじ、其《そ》の俗《ぞく》を楽《たの》しむ。隣国《りんこく》相望《あいのぞ》み、鶏狗《けいく》の声《こえ》相聞《あいきこ》ゆるも、民《たみ》老死《ろうし》に至《いた》るまで、相往来《あいおうらい》せず。

つまり、人々の心は強い絆で結ばれ、みんなが衣食住足りて満足し、和気藹々《あいあい》と生活を楽しんでいる。だから、よその国のことなど気にならず、自分の国が一番だと、老いて死ぬまで幸せに満たされている。そう言っているのです。

企業も同じ。リーダーがオンリーワンの商品・サービスを創り出す環境を整え、社員の幸せを第一に考えていれば、組織も社員たちの固い結束の下でいい状態を維持できるのです。

6章

「天を味方につける」老子の教え

——こう考えれば、人生はけっして難しくない

「無心」で取り組む

天《てん》は長《なが》く地《ち》は久《ひさ》し。天地《てんち》の能《よ》く長《なが》く且《か》つ久《ひさ》しき所以《ゆえん》の者《もの》は、其《そ》の自《みずか》ら生《い》きんとせざるを以《もっ》てなり。故《ゆえ》に能《よ》く長久《ちょうきゅう》なり。（韜光第七）

超訳

何も望みを持たずに、無心でがんばるのみ。そうすれば、望むまでもなく、必ずや天が良い方向へと導いてくれる。

ちょっと古い話ですが、あなたは、二〇〇七年のMLBオールスターを覚えていますか？　当時のイチロー選手がオールスター史上初のランニングホームランを放ち、MVPを獲得した、あの試合のことです。

その数日前、彼は足を捻挫して、出場そのものが危ぶまれていました。それにもかかわらず、足を一番酷使しなければならないランニングホームランを打ったのですから、二重にビックリさせられました。試合後、記者から「よく走れましたね」と言葉を向けられたイチロー選手はこんなことを言っています。

「いや、自分で走った実感がないんだよ。二塁辺りまではたしかに走ったんだけど、そこからホームまでは走らされたというか、自然に足が出て、何か空を飛ぶような感覚で、気がついたらホームを駆け抜けていたんだよね」

これぞまさに天の力！　私はそう思いました。

もとよりイチロー選手に、「ランニングホームランを打ちたい」なんて望みはなかったはず。足の痛みも忘れて、ひたすら無心に走り、「あとはもう天にお任せしよう」という気持ちだったのではないでしょうか。

また、ソチオリンピックのジャンプ・ラージヒルで銀メダルに輝いた葛西紀明選手も、「ほとんど飛ばされているような感じだった」なんてことを言っていました。彼もまた、無心に努力を続けてきて、あとは天に任せようという気持ちで競技に臨んだのでしょう。

老子がここで言っているのは、そういうことです。別の言い方をすれば、**「人事を尽くして天命を待つ」**ということです。

命だってそう。誰もが「健康で長生きしたい」と願っていますが、だからといってそのことばかり考えていると、結果が逆に振れることが多い。場合によっては、サプリメントの飲みすぎとか、運動のやりすぎ、休みすぎなどから、命を短くすることだってあるのですから。

私も少し前に体調を崩して、何とかしなければと鍼灸《しんきゅう》などいろんな治療を試みたのですが、やりすぎたのでしょう。体調が良くなるどころか、悪化してしまいました。それで観念して、「しょうがない、寝たきりになっても仕事はできるじゃないか。ベッドに横になって講義をしよう」と決めたら、そこからぐんぐん元気になりました。

願望を手放して、天にお任せしたことが良かったのかもしれません。

願望を持つのは悪いことではありませんが、それ以上に大切なのは、結果を気にせずに無心になって何かに取り組むプロセス。あとは、天にお任せすればいいのです。

また「居位第六十」には、こんな名句があります。

大国《たいこく》を治《おさ》むるは小鮮《しょうせん》を烹《に》るが若《ごと》くす。

大きな国を治めるのは小魚を煮るのと同じだ、と言うのです。どういうことか。小魚は、突いたり、ひっくり返したりしていると、煮崩れてしまいます。そんな無用の手出しをせず、コトコトと静かに煮るのが、うまく料理するコツなのです。**人生も同じで、ほどよいところで天の力に任せるのが一番。**何事もやりすぎないよう、ときに「煮魚、煮魚」とつぶやいてみるのもいいでしょう。

直感力を磨く

道《みち》は常《つね》に無為《むい》なれども、而《しか》も為《な》さざる無《な》し。（為政第三十七）

超訳

「道」が送り続ける宇宙の力を感じ、それを活用しなさい。そうすれば、直観力が磨かれて、何事もうまくいき、自然と「道」に対する感謝の気持ちもわいてくる。

「何事も宇宙の中で起こっていること。困難の渦中にあっても、自分で何とかしようとしなくても、いつの間にか落ち着いてくるものだよ」

これは、私の口ぐせです。

宇宙には物事を正そう、落ち着かせようとする力がある、それほどに宇宙の力はすごいものだと信じているのです。

ここで私の言う「宇宙の力」とは、「道」が送り続けるエネルギーのことを意味します。

その宇宙の力が人間の技術や技巧、理論や理屈を超える大きなものであることは、私たちが一番よく知っています。

それが証拠に、先の震災では、人間が造った防波堤が、巨大津波の前に、もろくも崩れ去ったではありませんか。

自然に対抗するだけのものを、私たち人間は持ちえない。だから、自分の力を過信してはいけない。

そこを、まず認識しておく必要があります。「養徳第五十一」には、こんな言葉があります。

道《みち》之《これ》を生《しょう》じ、徳《とく》之《これ》を畜《やしな》い、物《もの》之《これ》を形《かたち》づくり、勢《いきおい》之《これ》を成《な》す。是《ここ》を以《もっ》て万物《ばんぶつ》、道《みち》を尊《たっと》び徳《とく》を貴《たっと》ばざるは莫《な》し。

超訳すると、

「何かを自分でつくっているなんて、傲慢もいいところだ。宇宙の力、つまり『道』が送り続けてくれるエネルギーがあるからこそそのことである。そろそろ、見えない『道』の存在に気づいて、感謝したらどうだい？」——。

「苦しいときの神頼み」なんて言葉があるように、私たちは実は無意識のうちに自分に力を貸してくれる「道」の存在を感じています。そこを意識してみてください。

何事をなすにしても、「道」との共作であると思うことが大切なのです。

しかし、人間は無力かというと、そんなことはない。前項でお話ししたように、宇宙の力を活用することはできます。

そのためにまず必要なのは、宇宙の力を感じることです。

私は若いころに、元宇宙飛行士のラッセル・シュワイカートさんにお会いしたことがあります。彼は、「宇宙空間にいると、神のような偉大な存在を感じる。その神が自分を守ってくれているような安心感に満たされる」というようなお話をしてくれました。宇宙飛行士の多くが、宇宙空間にいるとき、彼と同じように神秘的なものの存在を感じたとも聞きます。

それは、まさしく宇宙の力でしょう。でも、ロケットに乗って宇宙を旅しないと感じられないわけではありません。

私自身は、老荘思想を読み進めるうちに、自然と「この世界には自分を守ってくれる宇宙の力がある。それをぶち壊しているのは自分自身だ」と感じられるようになりました。

みなさんも、たとえば危機的状況に陥ったとき、「ああしてやろう、こうしてやろう」などと考えず、無心になって現実を見つめてごらんなさい。力を抜いて、でも緊張感をもって、ただ現実を見つめていると、やがて宇宙の力が感じられるようになります。

そうして宇宙の力を感じたら、この先何が起こるか、物事がどう動いていくかが直感でわかります。あとは、その直感にしたがって行動するのみ。宇宙の力を借りれば、何事もうまくいくようになります。

ただ問題なのは、自然と共生していた昔と違って、現代人はこの直感が鈍くなっているということです。この力を、何としてでも取り戻さなくてはいけません。

そのための一つのトレーニングになるのは、常に「仮説を立てて検証する」という行動を繰り返すことです。何かの現象を捉えて、「次はこうなるんじゃないか」と仮説を立てる。その仮説通りのことが起きるか、起きないか。起きれば、それでよし。起きなかったら、なぜそうなったのかを振り返る。

これを三カ月も続ければ、かなり直感力が磨かれます。いちいち仮説を立てるまでもなく、まさに直感で先のことがわかるようになります。

しかも、直感力が身につけば、いままでにない能力がどんどん開発されていきます。世に名人・達人と言われる人たちはみんな、こうやって直感を磨いてきたと言っても過言ではありません。だから、彼らは宇宙の力を借りて、神業《かみわざ》とも称すべきすごいことをやってのけられたのです。

日本人は古来、自然を神と拝んできました。全国に数えきれないくらい多くの神社があります。家の中のあちらこちらに神社の守り札を貼って、毎朝手を合わせています。多少薄れてきたとはいえ、いまも神とともに生きているのです。

そういう意味では、日本人は元来、宇宙の力を感じ取る能力に長けていると言っていい。**直感力を身につけるのは、そう難しいことではない**はずです。

「水」のように生きる

上善《じょうぜん》は水《みず》の若《ごと》し。水善《みずよ》く万物《ばんぶつ》を利《り》して争《あらそ》わず。衆人《しゅうじん》の悪《にく》む所《ところ》に処《お》る。故《ゆえ》に道《みち》に幾《ちか》し。（易性第八）

超訳

川の水が流れながら岩を擦って栄養分を吸収するように、人間も出会う人すべてから貪欲に何かを吸収しようとすることが大切だ。また、水が低い汚いところに溜まるように、人間も高いところから偉そうにしていてはいけない。常に謙虚でいることが、「道」のありようでもあるのだ。

谷川の天然水はミネラルが豊富で、しかもおいしいでしょう？　なぜなら、川の水が岩を擦るようにして流れながら、ほんの微量のミネラルを吸収しているからです。

人間で言えばそれは、多くの人たちと出会い、交流することです。

相手がどんな人であれ、学ぶべきことはあるはず。そう思って、いいところも悪いところも貪欲に盗み取るようにしていれば、それが自分を成長させる栄養分になるのです。

逆に、イヤな人間だなと思って、距離を置いたらどうですか？　何も盗めないではありませんか。そんなふうでは、自分の身を細らせるだけなのです。

人づき合いのテクニック的には、聞き上手に徹するのがいいでしょう。自分が言いたいことをぶつけるだけだと、相手から得るものが少なくなってしまいます。

それよりも、こちらからどんどん質問をぶつけながら、相手に気持ちよくしゃべってもらう。そうすると、いろんな話を聞き出すことができますし、相手との距離もぐんと縮まります。

出会う人の誰が、ひょんなことから自分を応援してくれる人になるかわかりません。その可能性の芽をつぶさないためにも、人との交流は大事にしたほうがいい。それが「利する」という意味なのです。

また、水は高いところから低いところへと流れますね？　その流れ着く先が谷底のじめじめとした、葉っぱやら虫やらが浮いている汚い場所であったとしても、じっとそこに留まっています。

人間社会にたとえるなら、そういう低いところは、情報が一番集まる場所なんです。

言い換えれば、**誰に対しても腰が低く、「自分が、自分が」と言わない謙虚な人のところに、情報が集まる**わけです。高みから偉そうにしている人には、誰もいい情報を届けたいとは思いませんから。

水についてはほかに、「偏用第四十三」で次のように言っています。

天下《てんか》の至柔《しじゅう》にして、天下《てんか》の至堅《しけん》を馳騁《ちてい》す。無有《むゆう》にして無間《むかん》に入《い》る。

この文章が示唆する教えは二つ。

一つは、「雨だれ石を穿《うが》つ」と言われるように、一滴の水は非力だけれど、ポトリポトリと繰り返し同じところに落ちると、長い歳月を経て石に穴をあけるほどの力になる。

本当に強いのは、堅い石ではなく水なんだよ、ということです。

もう一つは、水には形がないから、どこにでも入っていける、その柔軟性に触れています。

たしかに、水はどんな形の器にも入っていけますよね？　これは、自分の形を相手に押しつけないからこそ、なせる業です。

前述の人づき合いのテクニックと同様、**「聞き上手になって、相手に合わせる」**ことの重要性を説いています。

水の精神とはつまり、他者の持つ知識や技術を有効活用すること。人との交流を通して、さまざまな話を聞き出し、

「今日はありがとうございました。大変勉強になりました」

と謙虚にふるまう。

そうしていれば、いろんな人が情報を提供してくれて、自分自身の実力が向上するし、豊富な情報を仕事の新しいアイデアの源泉とすることもできるのです。

シンプルに考える

虚《きょ》を致《いた》すこと極《きわ》まり、静《せい》を守《まも》ること篤《あつ》ければ、
万物《ばんぶつ》並《なら》び作《おこ》るも、吾《われ》以《もつ》て其《そ》の復《かえ》るを観《み》る。
夫《そ》れ物《もの》芸芸《うんうん》たるも、各々《おのおの》其《そ》の根《ね》に復帰《ふっき》す。（帰根第十六）

超訳

人生にはいろんな問題が起きるものだ。そんなとき、物事の枝葉末節を追いかけたり、周囲の言動に振り回されたりしているようでは何も解決しない。根本に立ち返って、本当に大事なことを見つめ直しなさい。

すぐに対処できる問題なら、何も悩むことはないでしょう。

しかし、〝打つ手無し〟というような難しい問題だと、頭を抱えてうずくまるしかありません。

また、考えつく対応策がどれも決め手に欠けるとか、周囲の意見がまちまちでまとまらないといった場合、迷走を続けることになってしまいます。

そんなときは、まず問題に端を発する現象からいったん離れ、頭を空っぽにして心を落ち着ける必要があります。

そのうえで、問題を生じさせている根本を見つめ直すのです。

では、根本って何でしょう？

問題というのは、だいたい六つくらいに大別できるので、それぞれについての根本、つまり何を一番大事にするかを述べておきましょう。

一つ目は「人間とは何か。生き物である」――命に関わる問題なのかどうかを考えてみることです。

命を失う心配があるなら、何よりも命を守ることを最優先して行動する。その心配がないなら、「命を取られるわけじゃなし」と鷹揚《おうよう》に構えて、できることを淡々とやっていくまでです。

二つ目は、「人生とは何か。楽しむことである」――楽しめない要素を排除することです。

たとえば、自分が本心からやりたいと思わないのなら、それはやらないほうがいい。

「苦も楽のうち」と思えるなら、やるべき。そう、判断をするといいでしょう。

三つ目は「家族とは何か。心のよりどころである」――家族を悲しませることになるか、ならないかを考えることです。

よく「家族のためにがんばって仕事をする」などと言う人がいますが、それは本当に家族が望んでいることなのでしょうか。もしかしたら、「そんなに稼がなくてもいい。お父さんの健康のほうが大切だ」と思っているかもしれません。そういった観点から見つめ直す必要があります。

四つ目は「家庭とは何か。社会のトレーニング場である」――子どもをしっかりとしつけることが最大のポイントです。

必要以上に甘やかしたり、逆に厳しくしたりすることのないよう、しつけにつながらない要素を排除してください。

五つ目は「仕事とは何か。天命を果たすことである」――自分の天命は何かを知り、それに則った行動をすることです。

何も難しく考えることはありません。たとえば、人を励ますこととか、周囲を明るくすることなども立派な天命なのです。

六つ目は「会社とは何か。仕事を通して価値を生み出す舞台である」――会社はいわば、稲を植えて米をつくる田んぼのようなものです。

田んぼが自ら米をつくり、それをもらうところではないのと同じように、会社は一方的に何かをしてくれたり、給料をくれたりするところではありません。自分が何かを創造する場所なのです。

この根本に立ち返ると、会社に何かを求めるのではなく、自分が何をすればいいかが見えてきます。

こんなふうに、**悩んだり、迷ったりしたときは、根本に立ち返ってシンプルに考えてください。**

それだけで、たいていの悩み・迷いは解決します。

孤独に強くなる

学《がく》を絶《た》てば憂《うれ》無《いな》し。唯《い》の阿《あ》と、相去《あいさ》る幾何《いくばく》ぞ。
善《ぜん》の悪《あく》と、相去《あいさ》る何若《いかん》。
人《ひと》の畏《おそ》るる所《ところ》は、畏《おそ》れざる可《べ》からざるも、
荒《こう》として其《そ》れ未《いま》だ央《つ》きざるかな。（異俗第二十）

超訳

いつも人と群れて、世間に迎合して生きてばかりだと、非常に窮屈だ。ときにはすべてを忘れ、ひとりの時間を楽しみなさい。

私は映画の仕事をしていた二十五歳のとき、ロケ先のタイ・バンコクで水牛二頭に襲われて、生死の境をさまよったことがあります。

ロケ隊は仕事を続けなければいけないし、日本からすぐに親を呼び寄せることもかなわない。周りで私を見守ってくれるのは、現地の医師と看護師だけ。

家族も友人も知り合いも、頼りにできる人は誰もいないなかで、「絶対的孤独」というものを味わいました。大変につらい体験でしたが、振り返れば一つだけ、いいことがあったように思います。

それは、

「人間はひとりで生まれ、ひとりで死んでいく」

というまぎれもない真実を、腹の底から実感できたことです。そうすることで、自分を殺してでも、社会や周囲の人たちに迎合して何かをしなければ、という視点がなくなりました。

言い換えれば、自分の考えや感性、個性を何よりも重視して、自分自身の人生を生きようという覚悟が決まったわけです。

老子が、この「異俗第二十」で言っているのは、まさにそういうことでしょう。

このくだりに続く文章で、「我独り」という言葉が六回も繰り返されています。一読すると、「自分ひとりだけが多くの人たちと違って」暗くぼんやりとしているとか、もやもやしているとか、頑固で融通がきかないとか、畳みかけるように言い募り、自嘲しているようにも受け取れます。

しかし、私はこれを「孤独に強くなれよ」というメッセージだと受け取っています。

「周りの人に合わせることばかり考えていないで、ときには天空を見晴らし、『この広大無辺な宇宙の真っただ中を、ひとりで生きてやろう』くらいのことを思ったほうがいいんじゃないかい？　実に清新な気持ちになるよ」

そんな老子の声が聞こえてきそうです。

みなさんも、ある種のトレーニングだと思って、**ひとりでいるときに心を宇宙に遊ばせてみてはどうでしょうか。**

昼間なら青空、夜間なら星空を見上げて、こう語りかけてください。

「自分を曲げて、世の中に遠慮しながら、窮屈に生きていないか？　誰の目も気にせず、誰に気を使うこともなく、自由自在に生きていこうよ」と。

また、ひとりでお花見なんかに出かけるのもいいですね。あちらこちらの桜の木の下で、大勢が輪になって酒を飲み騒いでいるのを尻目に、ひとりで桜を見る。なかなかいいものです。

私もよく、スコッチの小さな瓶をポケットに忍ばせて、ひとりでお花見としゃれこんでいます。大勢集まってどんちゃん騒ぎなんかするよりもずっと、桜の美しさが自分の中に溜まっていくような感じがします。ぜひ、お試しあれ。

期待されないことを喜ぶ

曲《きょく》なれば則《すなわ》ち全《まった》く、枉《おう》なれば則《すなわ》ち直《なお》し。

窪《わ》なれば則《すなわ》ち盈《み》ち、弊《へい》なれば則《すなわ》ち新《しん》なり。

少《しょう》なれば則《すなわ》ち得《え》、多《た》なれば則《すなわ》ち惑《まど》う。

是《ここ》を以《もっ》て聖人《せいじん》は一《いつ》を抱《いだ》き、天下《てんか》の式《しき》と為《な》る。（益謙第二十二）

超訳

世間から大きな期待をされている優秀な人は、その期待に応えようとがんばるから、ストレスも多く、疲れ切ってしまう。それよりも、期待なんかされないほうがいい。自由に伸び伸びと生き、長寿を全うできるだろう。


ここは、見事な逆説のオンパレードです。

「曲がった木は材木として使いものにならないから、伐採されずにすむじゃないか」

「尺取虫はくねくねと身を曲げたり伸ばしたりしているけど、まっすぐ進んでいるよ」

「窪地は汚いと言われるけれど、水やミネラルが豊富に溜まっているじゃないか」「古いものを捨てるから、新しいものが得られる。樹木も朽ちれば新しい芽が出てくるさ」

「少なければ確実に得られるが、多いばかりに迷ってしまうこともあるよ」

といった具合に、世間一般で「良い」と思われている価値観が実はダメで、「良くない」とされている価値観をこそ喜ぶべきだとしているのです。いわゆる「逆転の発想」ですね。

こんなふうに考えると、どんな状況にあっても、それが悪いことではなく、むしろ良いことなんだと思えるようになります。

たとえば、多くの人は「世の中や会社から大きな期待を寄せられる優秀な人間でありたい」と思っています。でも、本当にそうでしょうか。

「お、あいつは使えるぞ」とばかりに、こき使われてヘトヘトになるかもしれません。あるいは、期待されていることがプレッシャーになり、ストレスに押しつぶされる場合だってあります。命を縮めることになるんです。

それよりも期待なんかされないほうが、ずっと自由に好きなことができます。ストレスフリーでいられるので、心身の健康が保たれ、長生きできる可能性も大。どちらがいいですか、という話です。

ここから思い出すのは、江戸時代後期の禅僧であり詩人、歌人、書家としても知られる良寛のことです。

越後国出雲崎（新潟県）の名主の家に生まれた良寛は、グズでノロで気弱な人。長男として家業を継いだもののうまくいかない。

仕方なく、というわけでもありませんが、とにかく出家して、岡山の円通寺で十二年間の修行を積みました。

ところが、ここでもうまくいかない。学僧たちの足を引っ張るばかりで、「この世でダメだから、あの世に行ってみたらと思ったのに、ここでもダメだと言われた」というところまで追いつめられます。

それでも何とか禅僧としての卒業証書「印可の偈《げ》」を受けて、諸国行脚の旅に出ました。以後の十年くらいはよくわかっていないのですが、仏教の書はもとより、『荘子』をはじめとする老荘思想の本を、彼はずいぶん勉強したのだと思います。

結果、良寛がたどり着いたのは、「グズでいいじゃないか。ノロ、いいねぇ。気弱、一番いいよ」というような老荘思想的考え方なのではないでしょうか。

実際、良寛は一般的には欠点とされるグズでノロで気弱な性質をもっと強めていき、その結果、世にもやさしい人物になったのです。

良寛が今日なお多くの人から親しまれているのも、言ってみれば欠点を極めた結果なのです。あるいは良寛には、

「欠点を克服しようなんて思わなくていいよ。欠点は強化するものなんだ」

という老子の声が聞えたのかもしれません。

どうですか、自分のコンプレックスになっている欠点に対する見方が変わってきませんか？

また、これに関連して、「同異第四十一」にこんな言葉があります。


上士《じょうし》は道《みち》を聞《き》けば、勤《つと》めて之《これ》を行《おこな》い、中士《ちゅうし》は道《みち》を聞《き》けば、存《そん》するが若《ごと》く亡《な》きが若《ごと》く、下士《かし》は道《みち》を聞《き》けば、大《だい》として之《これ》を笑《わら》う。笑《わら》わざれば以《もっ》て道《みち》と為《な》すに足《た》らず。

上士・中士・下士というのは、人間にとって本当に重要なことがわかっているかど

うかをランク付けしたものとみてください。

「道」を信じて生きる人が最上で、半信半疑の人がふつう、最初から信じないで笑う人が下、と断じています。

さらに、老子は独特の皮肉な言い回しで、「くだらない人物から笑われるようでなければ、『道』の値打ちはない」としています。

ここを超訳すると、**「人からバカにされるくらい愚直な人が大物なんだよ」**ということ。

そして、最後にこう締めくくっています。

大方《たいほう》には隅《ぐう》無《な》く、大器《たいき》は晩成《ばんせい》し、大音《だいおん》は声《こえ》希《な》く、大象《だいしょう》は形《かたち》無《な》し。

ここが、あの有名な「大器晩成」の出典なのです。大人物は、若いころは人からバカにされるくらい朴訥としているものなのです。

相手の懐に入る

道《みち》を失《うしな》いて後徳《のちとく》、徳《とく》を失《うしな》いて後仁《のちじん》、仁《じん》を失《うしな》いて後義《のちぎ》、義《ぎ》を失《うしな》いて後礼《のちれい》あり。（論徳第三十八）

超訳

人とつき合うときは、相手のレベルに応じて、また相手の気持ちになって話をすることが大切だ。そうして誰彼の区別なく接することで、自分自身の人間性が開かれていくのである。

「道」にしたがっていれば、ことさらに徳が大切だとか、仁、義、礼を尽くさなければならないなどと言い立てることはない――直訳すれば、そういうことなのですが、ここは人づき合いに応用して読むといいでしょう。

重要なのは「態度不変」、相手を値踏みして態度を変えるようなことをしてはいけない、ということです。これをやると、「人間関係＝利害関係」となり、誰とも心と心の交流ができなくなってしまいます。

さらに大事なのは、話をするときは相手の知性や人間性、価値観、感情などのレベルに合わせることです。

よく「君たちみたいなバカにはわからないだろうけど」というような言い方をしたり、逆に「私みたいなバカにはあなたの話なんか聞いてもわからない」みたいな態度をとったりする人がいますが、それではいけません。

レベルが自分より上であろうと、下であろうと……というより、レベルの上下を決めつけずに、相手がこういう人だなと思ったら、自分がそのレベルに合わせて話をする。つまり、多様性を受け入れることが重要だということです。

私がつき合ってきた**一流の人物はみんな、相手に話を合わせることがとても上手**でした。間違っても、「俺は偉いんだ」と言わんばかりに、下の者に対し、自分に合わせることを強要するようなことはありません。

若い社員に対しても、下請けの人に対しても、自分から話を合わせて、彼らの話に耳を傾けます。それだけ、懐が深いんですね。

とくにグローバリゼーションの波が押し寄せるこれからは、相手は日本人だけではありません。言葉も慣習もお国柄も育ってきた環境も、すべてが異なる人たちです。

それなのに、「君とはレベルが違う。話ができない」というのでは、交流できなくなってしまいます。

なにしろ、ある大企業はすでに社員の半数が外国人だとか。「今度、新しくイスラムの人が来るから、本社に礼拝堂を設けなくちゃいけなくて大変だ」なんて言っている人がいて、私も改めて、「これからは、相手に合わせる能力がますます必要とされるな」と感じました。

心がけるべきは、

「人とつき合う一瞬、一瞬を、お互いにいろんなことが吸収できる、良い時間にしたい。会話が成り立たなくてつまらない時間を過ごしたな、というふうには絶対にしない」

と思うこと。

それは「自分がない」のではなく、自分の軸がしっかりしているからこそできることでもあるのです。

宇宙的視点を持つ

民《たみ》威《い》を畏《おそ》れざれば、大威《たいい》至《いた》らん。
其《そ》の居《お》る所《ところ》を狭《せま》しとする無《な》く、
其《そ》の生《い》くる所《ところ》を厭《いと》うこと無《な》し。（愛己第七十二）

超訳

「自分の家は狭くてイヤだ、もっと広く豪華な家に住みたい」なんて、人間が小さいね。私たちは宇宙を住処とし、自然とともに暮らしているんだよ。すごい財産じゃあないか。

ここで老子は、直接的には「為政者は人民を圧迫するな」と言っています。それが高じると、反発分子を狭い牢屋に閉じ込めることにもなり、それがさらに反発を生んで、最終的には為政者が人民に圧迫されることにもなるというのです。

これをいまの世に当てはめると、「何でこんなに狭苦しい部屋に住んでなきゃいけないんだ」なんてブーブー言っているようではダメだ、というふうに読めます。そんな思いに囚われているから、不平不満の多い毎日になってしまうと。

私が老子になりかわって言うと、こういうことです。

「いま、あなたが暮らしている家は、ただの仮住まいだよ。もっと視点を大きく広げて、『住所は宇宙』と思ったらどうだい？

その瞬間に、広大な青い空や湧き上がる雲、太陽の輝き、月の仄明《ほのあ》かり、咲き乱れる花々、幹を伸ばす木々、ひらひらと舞う蝶……自然界のすべてが自分の財産だと思えてくるはずだよ。

そのくらい大きなスケールで自分の暮らしを捉えてごらん。人間の器も大きくなるというもんだよ」

白状すると、私自身も気が小さいほうで、くよくよ考え始めると、夜も眠れないことがけっこうありました。

それを克服しようと、天井に一枚の紙を貼っていたことがあります。そこに書いた文字は、**「布団の中は治外法権」**――。

もっとも、ふと横を見ると、家内は気持ちよさそうに熟睡していて、「あれ、自分じゃなくて家内のほうに効いちゃったよ」なんて苦笑したことを覚えています。

ともあれ、みなさんも昼間はいろいろと大変な思いもするでしょうけれど、せめて夜眠るときくらい宇宙に抱かれている気持ちになってはどうでしょう？

本質を見極める

信言《しんげん》は美《び》ならず、美言《びげん》は信《しん》ならず。
善者《ぜんしゃ》は弁《べん》ぜず、弁《べん》ずる者《もの》は善《よ》からず。
知者《ちしゃ》は博《ひろ》からず、博《ひろ》き者《もの》は知《し》らず。（顕質第八十一）

超訳

本当にあなたに役立つ言葉は、褒め言葉ではない。きつい言葉だ。本当にあなたに役立つ人は、甘い人ではない。厳しい人だ。本当にあなたに役立つことは、うまくいくことではない。失敗することだ。表面的なものに惑わされず、本質をしっかり見つめなさい。

本書の最後は、「老子」の結びの言葉で締めくくりましょう。

ここは老子の真髄とも言うべきところで、「物事の奥にある本質をしっかり見つめる」ことの大切さを端的に言い表しています。

前半ではとくに、言葉と知識の危うさを指摘しています。

「耳障りのいい言葉にだまされるなよ」

「物知り顔で披露される知識なんかに振り回されるなよ」

そう、老子は言っているのです。

これまでも繰り返し語られてきたことで、改めて解説する必要はありませんが、もう一度、肝に銘じておいてください。

人は褒められればうれしいし、博識な人が言うことは鵜《う》呑《の》みにしてしまいがち。でも、本質はそこにない、ということですね。

褒められれば褒められるほど、甘やかされれば甘やかされるほど、人は増長するもの。それで気分が良くなったところで、人間的な成長はストップしてしまいます。

それよりも、**少々言葉はきつくても、厳しく接してくれる人のほうがありがたい**ではありませんか。

「本質を見る」とはそういうことです。うわべに気をとられてはいけません。

同じ意味で、失敗体験も成長には必要不可欠なものです。

また、この項の後段には、次のような言葉が続きます。


聖人《せいじん》は積《つ》まず。既《ことごと》く以《もっ》て人《ひと》の為《ため》にして、己《おのれ》愈々有《いよいよう》す。既《ことごと》く以《もっ》て人《ひと》に与《あた》えて、己《おのれ》愈々多《いよいよおお》し。天《てん》の道《みち》は、利《り》して害《がい》せず。聖人《せいじん》の道《みち》は為《な》して争《あらそ》わず。


一言で言えば、「ものを溜めこむな。すべてを他人に与えなさい」ということ。

お金だって、使って回さなければ経済が悪化しますよね?

人の行ないも同じことで、利益を独り占めしようだなんて、もってのほか。よしんば、一時的に莫大な利益を得られたとしても、周囲の人たちから妬まれたり、そっぽを向かれたりで、結局、ろくなことにはならないのです。

大事なのは、自分の持てるものはすべて他人に与えること。言い換えれば、他者のために自己の最善を尽くし切ることです。

そういう徳のある人が周囲の人々から信頼され、親しまれ、結局は自分がますます豊かになっていくのです。

「道」のありようを自己のありようとして生きるとは、そういうこと。表面的なことに囚われず、物事の本質を見つめて、無為自然に生きていきましょう。必ずや、その先に愉快な人生が開けます。

（了）

◎参考文献

『新釈漢文大系　7　老子・荘子　上』阿部吉雄・山本敏夫・市川安司・遠藤哲夫／明治書院

本書は、小社より刊行した文庫本を単行本化したものです。

超訳《ちょうやく》　老子《ろうし》の言葉《ことば》
「穏《おだ》やかに」「したたかに」生《い》きる極意《ごくい》

著　者――田口佳史（たぐち・よしふみ）
発行者――押鐘太陽
発行所――株式会社三笠書房
〒102-0072 東京都千代田区飯田橋3-3-1
電話：(03)5226-5734（営業部）
：(03)5226-5731（編集部）
https://www.mikasashobo.co.jp
印　刷――誠宏印刷
製　本――若林製本工場

ISBN978-4-8379-2868-3 C0030
© Yoshifumi Taguchi, Printed in Japan
＊本書のコピー、スキャン、デジタル化等の無断複製は著作権法上での例外を除き禁じられています。本書を代行業者等の第三者に依頼してスキャンやデジタル化することは、たとえ個人や家庭内での利用であっても著作権法上認められておりません。
＊落丁・乱丁本は当社営業部宛にお送りください。お取替えいたします。
＊定価・発行日はカバーに表示してあります。

三笠書房

田口佳史の「超訳」シリーズ

超訳 孫子の兵法

「最後に勝つ人」の絶対ルール

ライバルとの競争、取引先との交渉、トラブルへの対処

ビジネスマンなら、100回読んでも損はない!

孫子を知れば「駆け引き」と「段取り」に圧倒的に強くなる!

超訳 論語

「人生巧者」はみな孔子に学ぶ

仕事の鉄則、出世の極意、人間関係の知恵

渋沢栄一はなぜ『論語』を片時も離さなかったのか?

人間の本質をえぐる稀代の書を、超訳で読む

T20096